本书获得广东省哲学社会科学"十二五"规划项
（项目批准号：GD11xGL11）

U0627323

导游服务质量评价
体系构建研究

DAOYOU FUWU ZHILIANG PINGJIA
TIXI GOUJIAN YANJIU

刘国强　杨叶飞　张晓惠◎著

世界图书出版公司
广州·北京·上海·西安

图书在版编目（CIP）数据

导游服务质量评价体系构建研究 / 刘国强，杨叶飞，张晓惠著 . —广州：世界图书出版广东有限公司，2018.3
ISBN 978-7-5192-4496-5

Ⅰ . ①导… Ⅱ . ①刘… ②杨… ③张… Ⅲ . ①导游—旅游服务—服务质量—质量管理体系—研究—中国 Ⅳ . ① F592.6

中国版本图书馆 CIP 数据核字（2018）第 044899 号

导游服务质量评价体系构建研究
DAOYOU FUWU ZHILIANG PINGJIA TIXI GOUJIAN YANJIU

著　　者	刘国强　杨叶飞　张晓惠
责任编辑	李　茜　刘文婷
装帧设计	高艳秋
出版发行	世界图书出版广东有限公司
地　　址	广州市海珠区新港西路大江冲 25 号
邮　　编	510300
电　　话	（020）84459702
网　　址	http://www.gdst.com.cn/
邮　　箱	wpc_gdst@163.com
经　　销	新华书店
印　　刷	虎彩印艺股份有限公司
开　　本	787mm×1092mm　1/32
印　　张	8
字　　数	139 千字
版　　次	2018 年 3 月第 1 版　2019 年 4 月第 2 次印刷
国际书号	ISBN 978-7-5192-4496-5
定　　价	48.00 元

目　录

第 1 章 引 言

1.1 研究背景

1.1.1 旅游业大发展为导游服务质量提出新要求

近年来，随着人们生活水平的提升，旅游业实现了大发展。据统计，我国每年的旅游业业绩超过其他行业 20% 以上，这在一定程度上带动了我国经济的持续增长，为社会向消费型社会转型提供了新的消费动力。旅游业一直是我国重点开发的行业，政府有关部门不管是在政策上还是资金上，都给予了一定的支持[1]。2016 年 3 月 23 日《中华人民共和国国民经济和社会发展第十三个五年规划纲要》全文发布，文中有 15 处提到旅游产业发展表明要大力发展旅游业，深入实施旅游业提质增效工程。可以说旅游业提质增效工程，已经列入国家经济整体战略，旅游业将会迎来新的春天。

就目前的情况来看，我国的旅游业发展参差不齐，既有景区问题，也有导游问题。近年来，旅游业的导游服务存在不少问题，特别是导游的服务质量存在很大的弊端。导游欺骗旅游者加点、导购等"宰客"现象屡禁不止，既严重损害了旅游消费者的合法权益，也损害了旅行社行业的社会形象，制造了旅游消费者与从业者的紧张关系，加剧了双方的矛盾，影响了社会和谐，也阻碍了导游职业的健康发展[2]。同时对我国旅游业的发展和经济效益的提高产生了很大的制约作用。

在国际旅游界，往往将导游服务誉为"旅游业的灵魂""旅行社的支柱"[3]。旅游业的发展离不开高素质的导游队伍，离不开高质量的导游服务[4]。而影响导游服务质量的因素是多元化的，既有国家整体环境问题，也有旅行社管理问题，同时也跟导游自身因素有关[5]。因此，只有准确找到制约导游质量提升的各方面因素，发现并积极应对现存问题，才能提升游客的整体旅游体验和满意度，促进旅游事业发展，进而实现将中国发展成为世界旅游强国的最终目标[6]。

1.1.2　旅游法颁布为提升导游质量提出新挑战

2013 年 10 月 1 日，新的《中华人民共和国旅游法》正式实施，在新颁布的《中华人民共和国旅游法》（以下简称《旅游法》）共 10 章 112 个条款中，明确提及"导游"的条款多达 14 项，占 12.5% 的比例，从中可以看出导游工作的重要性和特殊地位[7]。在新的法规里，除了对旅行社安排付费旅游项目的规定外，导游的相关规范也是其中的焦点问题。其中第四十一条第二款规定："导游和领队应当严格执行旅游行程安排，不得擅自变更旅游行程或者中止服务活动，不得向旅游者索取小费、不得诱导、欺骗、强迫或者变相强迫旅游者购物或者参加另行付费旅游项目。"[8]

从立法的目的上来看，《旅游法》是一部规范旅游市场的规范性法律，最终的落脚点是保护消费者自身的权益[9]。《旅游法》实施后，对于所有的行程内容、服务标准，游客在出团前都必须有充分的知情权，并以合同的方式清晰约定[10]。对于消费者来说，他们希望获得在旅游过程中有保障的得到认可的质量和品质[11]。法规的实施，为游客能够享受更为安全满意的服务提供了法律保障。

同时国家旅游局在《关于优化导游执业环境几个重点问题的意见》（征求意见稿）中也指出，要进一步优化导游执业和发展的通道，营造公平有序、安全体面的职业环境，减轻导游执业的负担，激励广大导游提升素质、提高服务质量，增强导游职业的归属感和荣誉感，建设一支爱岗敬业、诚实守信、至诚服务、形象健康的导游队伍[12]。

综上所述，无论是新的旅游法规还是新的意见，都对导游提出了新的要求和挑战，如何提升旅游品质，提升导游自身素质、服务技巧、服务水平是打造旅游质量的关键要素。而提升导游服务质量，势必要求构建科学的评价体系，以便能够从多个维度进行质量监测，为提升导游服务质量提供改进的方向[13]。

1.1.3 导游自由执业为提升导游服务质量监管提出新问题

当前，我国旅游业发展迅速，而导游管理体制建设却相对滞后[14]。游客常常抱怨导游像"导购"，导游抱怨收入无保障，也这成为不少旅游乱象的根源。2016年，《国家旅游局关于深化导游体制改革的意见》发布，提出开放自由执业、取消导游年审、导游资格证终身有效等重要改革举措。导游管理体制改革，能否缓解当前旅游市场的问题？会不会产生新的问题？这些还需要时间的检验。但当前，导游体制建设滞后于旅游业快速发展的需要，导游服务供给与不断丰富的市场需求不相适应，导游封闭式管理与开放型市场、综合型产业不相适应，导游服务结构性矛盾、导游流通政策性壁垒、导游保障系统不健全等问题却是实实在在存在的[15]。

导游自由执业顺利实施，主要靠主管部门通过信息技术，打造汇集导游基本信息、执业信息、游客评价及有关部门奖惩评价信息为一体的导游公共服务监管平台，从而实现对导游执业全过程、动态化的监管，建立导游社会化评价与监督体系。导游自由执业不意味着监管的缺失，而是意味着导游监管模式从以结果为导向的监管到注重过程地、动态地监管转变，从政府监管到市场监管转变。

1.1.4　现有导游服务质量标准执行效果差

为了加强对全国导游人员的统一管理，提高导游服务质量，保护旅行者和导游人员的合法权益，促进旅游业健康发展，国家围绕导游人员的管理进行了多轮修订。

1987年12月1日，经国务院批准，国家旅游局发布了《导游人员管理暂行规定》[16]。这是我国首次使用法规形式对旅游业中的特定从业人员进行规范管理。这充分表明，导游人员在旅游业发展中具有特殊的作用，对导游服务质量具有较大的影响。

1995年12月，为适应我国旅游业特别是国内旅游的迅速发展所带来的旅行社的大量增加和导游人员的迅速扩充，为规范导游服务流程和行为，明确导游业务范围和职责，提高导游服务质量，国家旅游局委托全国旅游标准化技术委员会制定了《导游服务质量》国家标准（GB/T15971—1995），并由国家技术监督局正式发布，这是我国第一个针对软性旅游服务制定的国家标准。

鉴于导游服务与旅行社业务联系密切，而且不同的旅游服务对导游人员的要求和导游服务的流程均有所不同，虽然《导游服务质量》对全陪和地陪分别做了要求，但很难解决旅游市场中出现的各种服务质量问题。根据导游职业的新变化，国家旅游局进一步调整、充实和完善了《导游人员管理暂行规定》，并经国务院批准，于1999年发布了《导游人员管理条例》。

与此同时，国家在旅游业行业标准制定方面迈出了新的步伐。1997年，国家旅游局制定了《旅行社国内旅游服务质量要求》行业标准，并于1999年向国家质量技术监督局申报立项了《旅行社入境旅游服务质量规范》和《旅行社出境旅游服务质量规范》标准。其中，《旅行社出境旅游服务质量》（LB/T 005—2002）于2002年制定完成并发布。在已经发布的《旅行社国内旅游服务质量要求》和《旅行社出境旅游服务质量规范》中，特别对导游和领队的服务做了相应的规定。连同1997年制定的《旅游服务基础术语》国家标准（GB/T16766—1997）等相关标准，目前已基本形成了涉及导游服务的各市场类型和各服务环节的标准体系。

而令人遗憾的是，导游的服务质量并没有因为国家或行业出台了众多法规和标准而得到切实的规范和提升。相反，导游的服务在游客投诉中的比重始终居高不下。为何在国家如此重视导游队伍建设，专门制定了导游人员管理法规和服务质量标准的情况下，导游服务问题还依然频出，质量难以提升，状况仍得不到根本治理和扭转呢？最主要原因是，现有导游服务质量标准存在执行难度大，执行效果差，不能完全适应导游职业的发展，不能充分反映我国导游服务的现状和特点。

1.1.5　现行导游服务质量评价体系不够完善

导游服务质量在整个游客游览中发挥着重要作用，而其质量评价体系则是提升导游服务质量的根本保证。现有导游服务质量评价体系更侧重于对导游服务基本流程进行测评，这不能够有效地对导游服务各方面进行综合监测和评价，无法有效保证导游服务质量的持续提升。

导游服务是导游人员在与顾客"接触"的过程中完成的，具有不可修复性和及时性的特点，因此导游的服务质量不但依赖服务的流程，更依赖服务行为，还与服务的及时性、可靠性等有关，同时围绕服务交付的硬件设施要求、服务交付的硬件环境要求、服务合同文本格式要求和导游的资质水平等也是影响导游服务质量的因素。科学的导游服务评价体系应涵盖多个方面的内容，体现系统性、完整性和现实性，其技术内容应丰富、科学、严密、合理，同时具有可操作性[17]。只有立足全局通盘考虑，突破简单的服务基本流程要求，构建出完善的价值体系，才能对导游服务质量进行有效监督，从而提升导游服务质量。

因此，基于以导游服务相关标准和相关法规为评价依据，以游客感知服务质量为主要评价对象，以游客、旅行社、旅行社协会三方为评价主体，而构建的旅游服务质量的三维评价体系势在必行。评价服务质量最重要的还是顾客的感知服务质量，即顾客对服务期望与感知服务绩效之间的差异比较。为尽量客观公正地对导游服务质量进行评价，导游服务质量评价主体应由服务项目的接受方——游客、服务项目的提供方——旅行社和第三方机构——旅行社协会构成。三方从不同角度，运用不同指标对导游进行评价，评价结束后，分别产生评价指数，再以游客评价为最大权重，将评价指数进行加权求和，得出评价结果。对导游的服务质量评价应当与导游的年审和等级评定挂钩，而旅行社导游的服务质量综合评价又应与旅行社的等级评定挂钩，同时将相关信息向公众发布，让这些信息成为旅游消费的重要导向，逐步形成优者获益的市场选择机制。

1.2 研究意义

1.2.1 理论意义

本研究将在定量评价的基础上对导游服务质量进行优化组合，并分析利益相关者参与旅游的价值驱动力，构建符合中国国情的导游服务质量评价体系，进而推进国家《导游人员管理条例》的修订，为贯彻《旅游标准化规划（2009—2015 年）》提供理论支持。同时，综合运用心理学理论、可持续发展理论、利益主体理论、教育学理论和模糊数学统计理论，定量测算导游服务质量体系各项指标，分析导游服务质量对游客忠诚度的影响，构建导游服务质量评价体系，丰富旅游理论。其主要理论意义在于以下两个方面：

其一，我国关于导游服务质量的研究很多，但对于《旅游法》、互联网新背景下如何构建科学的导游服务质量评价体系的研究不多，其中学者更关注的是传统旅游模式中导游服务质量的评价，因此本研究试图在新形势下构建新型导游服务质量评价体系方面做出尝试。

其二，从研究方法上来看，国内学者对导游服务质量的研究趋向于多定性分析而少定量分析。本研究通过政府、旅行社和游客对导游服务质量进行综合评价，能更清楚地了解导游服务质量的实际情况，在研究方法上相较纯粹的定性分析有所拓展。

1.2.2　实践意义

本研究的现实意义主要体现在以下三个方面：

其一，从服务的供给方来看，本章研究了导游服务质量评价体系的构建，有助于旅行社准确把握游客的内在需求，提升导游服务质量，进一步改进服务水平。对于政府部门而言，有助于促进目的地旅游的健康性，树立良好的旅游目的地形象，对旅游目的地起到一定的推广和营销作用[18]。对于旅游及相关企业而言，可以放心地利用导游这个媒介，吸引更多游客，使自身的服务价值增值，增加企业竞争力。

其二，从服务的需求方游客来看，通过导游服务质量的提高，可以提高其对旅游的认知，更好地满足了旅游需求，为旅游活动带来更大便利及更好体验。在《旅游法》和互联网新背景下，基于游客感知系统的导游服务质量评价对于掌握未来旅游服务将出现的新动态、新趋势具有一定的指导意义，为政府部门、旅游及相关企业移动旅游服务的未来发展提供了建议[19]。

其三，从导游人员本身发展来看，导游服务质量评价体系的构建，对导游人员的聘用、管理和考核评价意义重大。

1.3　研究内容

本课题研究内容主要包括六个部分：导游服务质量现状

分析、导游服务质量评价体系构建、导游服务质量评价体系实证研究、导游服务质量对游客忠诚度的实证分析、提高导游服务质量对策与建议、结论与展望。

1.3.1　导游服务质量现状分析

本部分主要研究导游服务质量内涵及特点，导游服务质量的现状，其存在的问题所在及成因分析。导游服务质量现状是课题研究的出发点和基础，只有准确界定导游服务质量内涵，深刻把握其服务质量特点[20]，深入了解导游服务质量现状，以及造成问题出现的深层次原因，才能有效构建其质量评价体系。

目前，国内导游分为签约导游和社会导游两种。前者归旅行社管理，有底薪和社会保险，劳动权益相对有保障；后者属于兼职人员，无固定收入、无社会保险、工作稳定性差。根据国家旅游局提供的数据显示，全国取得导游资格证的人数为95万，其中社会导游人员数量占全国导游人员总数的70%左右。显然，社会导游已经成为各地旅游接待的主体力量。

1.3.2　导游服务质量评价体系构建

《旅游法》的颁布实施可以说是从国家层面表明了改变现有旅游评价的决心，这无疑给旅行社和导游服务的深层变革提供了必要性和可能性。正是在这样的背景下，旅行社的转型升级和导游服务的本体性发展才成为可能。本研究正是从这样的前提出发，重点研究导游服务质量评价体系的构建问题。以期在新的市场环境、法制环境和旅游消费环境下，结合导游服务学、经济学、心理学和美学相关理论，探索出具有一定适应性的导游服务质量评价体系[21]。新的导游服务质量评价指标体系应是建立在我国导游水平差异的评价基础上，由多个相互联系、相互依存的指标所组成的统计指标群，以此来全面、准确地反映导游服务多方面的现实情况[22]。

1.3.3 导游服务质量评价体系实证研究

导游服务质量评价体系构建以后，进行实证研究，确保构建的导游服务质量评价体系具有科学性和可操作性。本内容主要是基于游客感知的导游服务质量评价体系进行实证研究。目前，我国旅行社企业对导游服务质量的评价方式主要有两种。一种是从游客投诉情况来反映导游服务中的质量问题。这种方法提供的信息比较有限，因为现实的情况是，除非游客认为权益受到严重侵害，不然一般不会对导游进行投诉。因此导游没有遭到游客投诉并不一定表明导游服务工作已经做得很好。另一种普遍的策略是对在编导游进行内部业务素质考核，但是这种方式最大的缺点在于无法有效反映导游的实际工作能力和素质。鉴于上述两种评价方式的局限性，本研究旨在为我国导游服务质量的测评体系导入一种系统的定量分析方法[23]，通过认识游客感知的导游服务质量来分析导游服务质量的内涵，构建游客感知导游服务质量的模型，并进一步探讨影响游客感知导游服务质量形成的因素。

1.3.4　导游服务质量对游客忠诚度的实证分析

为进一步了解导游服务质量对游客旅游体验的重要性，在对导游服务质量评价体系进行实证研究后[24]，在对服务质量和价格认知关系研究、服务质量和顾客满意度关系研究、价格认知与顾客满意度、忠诚度之间关系进行理论研究基础上，构建导游服务质量和游客忠诚度分析模型，并通过调研数据进行实证分析，有效回答导游服务质量对顾客忠诚度的影响[25]，进而从另一维度证明了导游服务质量的重要性。

1.3.5　提高导游服务质量对策与建议

通过导游服务质量评价体系的构建和实证研究，导游服务质量问题已成为我国旅游服务质量的一块短板。为切实提高导游服务质量，应明确政府、行业协会、导游公司、导游自身各自定位、职责与任务，在有效分工的基础上，进行通力合作，才能形成合力，最终推进导游服务质量的整体提升。

1.4　研究述评

1.4.1　国内导游服务质量评价体系研究述评

目前，国内的研究主要是围绕导游服务满意度、旅游企业竞争力等方面指标体系的研究，对于导游服务质量评价体系研究甚少。提高导游人员素质和服务质量，需要建立一个科学、完整、有针对性且易于操作的导游服务质量评价指标体系，从游客、企业、社会三个角度进行监督和促进导游人员素质的提高。

导游人员服务质量得到正确的评价和不断改进才能促进旅游企业和我国旅游业的长足发展。张明英（2006）从思想道德、知识、服务技能三个维度运用 11 个指标初步构建了导游服务质量评价指标体系。仲建兰（2009）对影响旅游企业质量竞争力的外部要素、基础要素、过程要素和结果要素分别赋予一定的分值，并结合构成这些要素的 30 个指标构建了旅游企业竞争力评级指标体系。敬丽丽、李晓东、邓方江（2009）对影响导游工作满意度的 16 个因素进行了排序，发现社会评价和工作安全性因素对导游满意度影响最强。李美霖（2010）将导游人员服务质量评价指标体系分为 3 个层次，16 个具体指标来构建导游人员服务质量评价指标体系。

1.4.2 国外导游服务质量评价体系研究述评

国外对服务质量评价理论研究颇丰，但对导游服务质量评价体系尚无专门文章论述。格罗鲁斯（1982）率先将质量的概念引入了服务领域，并且根据认知心理学的基本理论，提出了顾客感知服务质量模型。他认为服务质量是一个主观范畴，取决于顾客期望的服务水平和实际感受到的服务水平的对比。Lehtinen（1982，1983）先后提出了产出质量和过程质量的概念，以及实体质量、相互作用质量和公司质量。卡门（1990）、巴巴克斯和布勒（1992）采用其他度量标准来衡量感知服务质量，他们认为 PZB 的服务质量评价模型只是缺乏实证性研究，并且他的理论合理。克罗宁和泰勒（1992）提出了绩效感知服务质量模型——ERVPERF，他们对服务质量的概念化、度量及服务质量与顾客满意度、购买动机之间的关系问题进行了综合研究[26]。

综上所述，国外的研究更多集中在理论基础和方法的研究，而针对具体导游服务质量评价指标体系构建的研究则很少；国内的一些学者在导游服务质量方面尽管做出一些卓有成效的探索与研究，但目前仍存在三大问题：一是起步较晚，重视程度不足；二是零散研究多，系统研究少；三是理论探讨多，实证研究少。

第 2 章　我国导游服务质量现状

2.1　导游服务质量内涵与特点

2.1.1　导游服务质量内涵

导游服务质量主要是指游客接受导游服务的亲身体验水平和感受的满意度，具体是指顾客对服务卓越性的感知性评估[27]。导游服务质量主要涉及以下三个方面的内容：

1. 导游活动服务质量

导游人员按照旅行社同游客签订的协议或约定的内容（行程安排）提供符合规定要求的服务，而这些服务更多属于无形服务的范畴，其服务质量往往不容易衡量与把握[28]。服务质量主要体现在导游人员的服务意识、职业道德、服务态度、服务项目、服务技能、服务效率等方面[29]。导游服务质量水平的高低，取决于服务本身水平的高低：导游人员提供的各项服务水平高,游客满意度就高;相反,服务水平低,游客满意度就低[30]。

2. 导游服务质量的监控

现代旅游活动中旅行社全面委托导游人员为游客提供旅游接待服务,但这并不意味着旅行社就可以放手不管。事实上,由于放任导游人员处理各项接待事宜,而旅行社对导游人员失去监督和控制,从而出现了许多游客因不满导游服务而投诉的事实。从以上两个方面来理解,导游服务质量包括导游质量的内容及标准,以及为落实质量管理而对导游活动过程实施监控。前者是导游服务质量的主要表现形式,后者是实现导游服务质量的保证。

3. 相关产品和服务供给部门或单位的服务质量

导游服务具有很强的关联性,除要求导游人员本身注重旅游文化知识的积累、导游讲解的质量、具有组织安排能力和协调沟通能力之外,若没有旅游相关部门与产品的支持,导游服务有可能完全失效,因为在游客看来,他们所追求的是享受整个旅游经历,其中任何一个环节出现差错,都会降低其满意度。

由此可见,导游服务质量从游客的角度来说,既包含导游服务规范与管理的服务质量,又包含相关部门与单位的服务质量。

2.1.2 导游服务质量特点

导游服务质量就其构成内容上，与一般服务产品质量相同，但是由于旅游业本身综合性、文化性、敏感性等特点，使得导游服务质量还存在自身的特性,具体表现在如下四个方面:

1. 整体性

导游是为旅游者提供一种愉悦的经历来提供服务产品的，其提供的服务产品涉及食、住、行、游、购、娱等多项内容。这些丰富多样的服务产品，实际上是导游将服务设施和服务人员组成了有机整体，其中任何一项服务产品都不可能脱离其他服务产品独自发展，任何一项服务产品的滞后发展，都会影响和制约导游服务质量的整体效果。因此，导游必须对每一项服务产品的运作步骤考虑周全，全方位地满足旅游者在旅行过程中的各种需求，以此获得旅游者对导游服务质量的认同和满意。否则，服务质量评价中"100-1=0"的旅游者满意规则，势必给导游服务质量管理与控制带来极大的挑战。

2. 波动性

一般性服务产品具有生产与消费的同时性特点，与之类似，导游的服务产品也具有这一特点，从而容易引起导游服务质量的波动变化。而且，旅游业的敏感性还强化了这一波动性，使得导游提供的服务产品直接受到供需双方因素的影响和制约。具体表现为：一是导游内部服务人员的意识、态度和技巧等内在因素，使得每一次服务产品的生产呈现波动，这就难以保障服务产品消费时的质量稳定性；二是旅游季节性、周期性等外在因素，使得导游提供的服务质量出现全局性波动，如在旅游旺季，旅游者人数激增，超出导游提供优质服务的能力范畴，造成服务质量绩效的滑坡；而在旅游淡季，旅游客流的稀疏影响导游提供优质服务的积极性，同样致使服务质量出现波动。

3. 阶段性

通常，旅游者对导游服务质量的感知和评价是贯穿于旅行的全过程，而且这一过程具有明显的阶段性，即游前阶段、游中阶段和游后阶段。在游前阶段，旅游者感知的是导游提供的准备性服务产品，如酒店的预定客房服务、旅行社的预定旅行线路服务等；在游中阶段，旅游者体验到的是导游直接满足其核心利益而提供的核心服务产品，这些服务产品涉及食、住、行、游、购、娱方面的内容及其他服务；在游后阶段，旅游者结束旅行后离开目的地时，他们接受的是导游所提供的追踪调查和意见回馈等后续服务。因此，在不同的阶段，导游提供的服务产品有所不同，旅游者对其服务质量的感知和评价自然也会不尽相同。

4. 差异性

旅游业的文化特性，以及服务对象和主体以人为主，使得导游服务质量不可避免地存在品质差异性，以此促进和增强旅游者的文化体验。这种品质差异性来源于两个方面，一方面是导游服务对象即旅游者是不断更替变化的，而且旅游者的文化背景、心理偏好、生活经历等个人因素存在差异，导致他们对导游服务质量的感知和评价也有所区别。另一方面是导游服务主体，即服务人员，由于大多数导游中的服务工作是重复性劳动，即使是同一服务人员在不同时间为同一旅游者提供服务，也会产生不同的服务质量效果。

正是基于上述导游服务质量的特点，因此对于其评价研究会产生以下两个方面的影响：一方面，由于整体性的存在，导游的服务质量评价不能完全借助于个别服务产品的问卷调查；阶段性特点表明，在旅行过程中，旅游者通常会对各阶段的导游服务质量给出评价结论，在旅行结束后，他们才形成对服务质量的整体满意评价。另一方面，由于波动性和差异性特点，使得导游服务质量的评价研究成为一个复杂的动态工作。值得注意的是，旅游者评价导游服务质量时，不仅受到旅行时间、游览地点和服务人员等外部因素影响，而且受到自身心理因素的内部影响[31]。

2.2 导游服务质量存在的问题及其原因

2.2.1 导游服务的作用

1. 导游服务是旅游各项服务中最为根本的服务

在旅游中食、住、行、游、购、娱构成旅游活动的六要素，其中最重要的是 "游"，而导游人员就是游览的 "导演"。导游人员为旅游者提供的语言服务沟通了不同的文化，促进了不同民族之间的交流；导游人员提供的导游讲解服务帮助旅游者增长知识、加深阅历，从而获得美的享受；导游人员提供的生活服务帮助旅游者身心愉快地投入游览活动。

2. 导游服务是旅游服务质量高低最敏感的标志

导游服务是旅游服务质量高低最敏感的标志。旅游团在游览地参观游览，导游人员伴随始终，并且朝夕相处，在旅游活动中为他们提供语言翻译服务、导游讲解服务和生活服务，保证他们吃得好、住得舒适、玩得痛快，还维护他们的正当权益、保卫他们的生命财产安全[32]。

3. 导游服务是各项旅游服务的联系纽带和中间桥梁

导游服务是各项旅游服务的联系纽带和中间桥梁。旅行社与旅游者之间、旅行社与其他旅游企业之间的联系第一线人员是导游人员，在旅游服务各环节之间相互协作、顾全大局方面，在沟通上下、左右、内外的关系方面，导游人员的作用举足轻重。在这些关系中，没有导游人员的联系就不会有很好的沟通[33]。

2.2.2 存在的问题

近年来，我国的旅游行业一直呈现出蓬勃向上的发展局面，但导游服务质量问题却越来越令人担忧。一方面反映出我国导游服务现状具有复杂性，涉及面广、关联性强，各种利益盘根错节，管理难度较大；另一方面也暴露出当前的导游服务标准不能完全适应导游职业的发展，没能充分反映我国导游服务的现状和特点，标准化工作自身存在不足；同时科学的、可操作的导游服务质量评价体系欠缺，也是导游服务质量难以监控和提升的主要因素[34]。具体而言，我国导游服务的质量存在以下三个突出问题：

1. 服务功能作用降低

导游服务质量主要是强调导游的服务功能，导游服务是导游人员代表被委派的旅行社，接待或陪同游客旅行、游览，按照组团合同或约定的内容和标准向其提供的旅游接待服务[35]。导游人员向游客提供的接待服务，对于团体游客必须按组团合同的规定和导游服务质量标准实施，对于散客必须按事前约定的内容和标准实施。导游人员不得擅自增加或减少甚至取消旅游项目，也不得降低导游服务质量标准。一方面，导游人员在接待过程中要注意维护所代表的旅行社的形象和信誉；另一方面，也要注意维护游客的合法权益。但实际操作中，由于旅行社的低价竞争，零负团费屡禁不止，迫使导游在带团过程中已无暇考虑其所肩负的服务功能，使导游服务功能的作用大大降低。

2. 创收功能成为主导

现实操作中，导游服务中"创收"功能成为主导，"导游"变"导购"。由于居于导游主体地位的社会导游基本没有工资和出团补贴，有的甚至还要向提供业务的旅行社缴纳人头费、管理费。为了完成企业交给的"创利"任务，更为了自身的生存，导游人员往往冒着被投诉的风险，在旅游过程中"加塞"购物、"诱导"游客参与自费项目。导游变导购不仅侵害了游客的切身经济利益，也使得导游人员严重背离了其原本的服务宗旨，同时使得导游自身和整个旅行社行业的社会形象遭受严重影响。

3. 专业性逐渐下降

导游队伍中，学历和文化素质普遍偏低。导游领队是基于旅行社专职导游而言的，但我国兼职导游比例越来越高，导游已经日益成为自主择业、分散执业的特殊群体。实际上，旅游行政管理部门也已经意识到旅行社和导游雇佣关系发生的变化，为解决兼职导游问题和旅行社非在编导游问题，导游服务机构在行政的计划下诞生了。2002 年 1 月，在《国家旅游局关于整顿和规范旅游市场秩序工作的通知》中，提出了《关于建立"社会导游人员服务管理机构"的指导意见》。但旅游行政管理部门从来没有对导游服务机构的设立条件、经营资质、运作方式和监督管理出台正式的政策文件。而现在的导游服务机构恰恰成为旅行社不按《中华人民共和国劳动法》雇佣导游的暗道，使不少新入行的导游从业模糊，沦为"专职"的社会导游，游离于社会保障体系之外。目前，导游成了薪酬低、社会保障低、社会地位低的"三低"弱势群体，其生存状态已严重恶化。因而也就呈现了目前导游服务质量中专业性越来越差的现实。

2.2.3　问题原因

经过研究和分析，导游服务质量出现上述问题不是单一因素造成的，而是多方面的因素共振的结果。具体因素有以下七个方面：

1. 整体旅游市场不规范

导游服务质量差与旅游市场大环境的不规范有关。例如，旅游法律法规执行难度大，导游管理体制不健全，市场信息不对称，旅行社之间恶性竞争，游客消费心理不成熟等。究其根本原因主要在于，旅游市场的不成熟及相关制度安排的缺失，尤其是维护与保障弱势主体利益、监督与制约强势主体利益的制度的缺位或不完善，直接导致弱势主体处于被动地位，缺乏与强势主体相抗衡的筹码。因此，要实现导游业务相关主体的利益均衡和导游服务质量的根本好转，就必须完善制度保障[36]。

2. 不合理低价竞争

对于数量众多的社会导游来说，是什么原因让他们一边说无底薪无保障，一边又不愿与旅行社签约呢？"签约导游有基本工资和社会保险，但工资实在太低，每天还要朝九晚五地上下班，没有一点儿自由。与其那样，还不如自己单干，只要肯吃苦，也不比签约旅行社挣得少，更何况在淡季时还可以做点别的，比如去商场打工等。"

从表面上来看，导游背负"恶名"与工资收入过低有关，而更深层次原因则是旅游行业已经进入微利时代。随着OTA（在线旅游）对传统旅行社的冲击，传统旅游行业的竞争环境和格局正在发生变化，传统旅行社正在经历业务下滑和利润缩减的阵痛。因此，一些旅行社为降低成本，不断挤压导游基本工资待遇和旅游线路上的服务项目，拉低产品价格。"不合理低价"问题是我国旅游市场秩序的"百病之源"[37]。组团社低价揽客——地接社"买团"抢客——导游胁迫消费赚"返点"来"填坑"，已经成为旅游行业的一种畸形"食物链"。

3. 导游准入门槛低

现有导游人员的学历普遍偏低，导致导游队伍素质偏低，结构不合理，以至于很难达到导游的基本服务保证。国家旅游局原局长邵琪伟曾表示，当前制约旅游业发展的一个重大瓶颈，是旅游业的从业人员素质远远跟不上旅游发展的需求。很多旅行社负责人也认为，虽然现在业界有导游证的人很多，但是人才荒依然存在，适合的人很难找。

如今，"生态游""文化游""休闲游"等各种新的旅游形式正在不断兴起，相应的，导游的工作内容也在不断地被细分。张建融和詹兆宗在《我国导游从业及薪酬、保障制度研究》一书中指出，与普通的旅游相比，新时期的导游将要提供更多的与传统内容不相干的服务，在工作领域上进行创新，这就意味着导游在被要求应该拥有广泛的知识水平、出众的口才能力及组织能力的基础上，还要培养一定的"职业群"，要具有相关的专业知识。但是，现行《导游人员管理条例》显示，初级导游证的申报获取条件是：具有高级中学、中等专业学校或者以上学历，具有适应导游需要的基本知识和语言表达能力的身体健康的中华人民共和国公民。条例对导游入门的门槛要求之低与现实市场对导游要求之高相去甚远[38]。

4. 激励机制不健全

大部分旅游企业不太重视员工激励。即使对导游人员进行激励，也是覆盖面小。同时，我国导游人员的晋级要求与职称制度脱钩。在我国职称制度中，没有导游人员这一系列[39]。这不仅阻碍了高素质导游人员队伍的建设，而且使得导游人员的薪酬机制、激励机制，特别是劳动保障机制不健全、不完善[40]，部分导游人员甚至没有劳动合同、没有固定薪酬、没有社会保险，致使导游队伍职业稳定性下降，并导致部分导游人员在带团过程中降低服务水平或减少服务提供、强制顾客购物等"非常"手段，以获取收入。缺乏走向职业化的内在动力和外在环境。

5. 部分导游人员自身素质不高

部分企业在选拔导游人员时，注重数量轻质量，重实务能力轻思想素质，忽略了导游人员的德才兼备。同时，导游人员资格考试的参考标准也在降低，可以说学历标准的降低在某种程度上弱化了导游人员的整体素质[41]。

导游人员的学历阅历偏低。我国导游队伍呈现年轻化、平均学历偏低的状况。在32万名执业导游中，30岁以下的占80%，大专及以下学历者占80%。中国导游队伍的整体素质逐渐不能适应旅游业发展的需要，与中国旅游产业素质全面提升的要求不相适应，与建设世界旅游强国要求不相适应[42]。

业务能力差。所谓导游充其量只是个领道的，业务能力差，大部分导游人员对旅游景点的文化内涵及历史了解甚少，只是机械地、千篇一律地背导游词；更严重的是一部分导游人员对旅游业务的规范规程不了解，不熟悉，不能按规则、按程序引导游客的吃、住、行活动；还有一些导游人员在出现突发事件和发生矛盾时束手无策，不能及时、规范、有条不紊地进行处理[43]。

职业道德缺失。有的导游人员变相违约，采用压缩、删改、增加购物点的办法为自身谋利；还有的导游人员与商家合谋，引诱强制消费者消费，不仅严重损害游客的经济利益，甚至影响游客的身心健康[44]。

6. 受相关利益方制约越来越大

旅游本身的高关联性决定了导游服务质量很大程度上取决于利益相关者权利与义务的履行情况，取决于利益相关者的均衡关系格局。导游服务质量问题的根源分析与对策研究——基于利益相关者理论和游客感知视角（刘晖，旅游学刊，第24卷，2009年第1期，P37）。

以最为世人诟病的导游行为收受回扣为例，从表面上看是导游为牟取高额回扣而诱导游客购物和私自加点，实际上是导游承担了旅行社低价竞争导致利润被挤压的压力和风险。在付出高强度劳动后的导游非但无法从雇主那里获得应有的服务报酬或所获报酬连基本生活都难以保障，反而要在出团前就替雇主背上沉重的成本包袱，表现为向旅行社支付不等的"人头费"和向挂靠单位（主要指导服中心）支付挂靠费和返聘费。在接团过程中，导游还受到旅游车司机施加的压力，如果导游不与司机共享"果实"或努力"赚钱"，轻则受到司机的故意刁难，重则遭遇"甩团"事件，而由此带来的旅游投诉，大多都是由导游一人承担。社会舆论的单极化宣传，更使导游被贴上了"不信任"的标签[45]。

7. 导游人员的收入结构不合理

当前，导游基本是"三无人员"，即无薪水、无固定工作单位、无社会保险。导游人员的收入依靠"宰游客"、购物回扣和小费，缺乏基本的保障。正常的经济要求得不到满足，服务水准很难提高。为了满足自身的利益，在工作中不是把游客需求放在首位，而是过分地追求个人的经济利益[46]。

由于大多数导游和旅行社都没有签订劳动合同，不能享受社会保障，属于自由职业者，有团就带，没团就休息，即使资历老一点的导游，到了淡季也是入不敷出，收入无保障，结构不合理。

第 3 章 导游服务质量评价体系构建

3.1 导游服务质量评价体系构建的理论基础

从导游服务产品的经济属性出发，我们将导游服务质量通俗地理解为在旅行过程中，旅游者在购买和消费导游服务产品时，其服务产品所能够满足旅游者各种需求的程度。这里提及的服务产品就是导游人员提供的具有无形特征的活劳动。综上所述，旅游者对导游服务产品的感知价值，即服务质量概念是一个动态的发展过程。也就是说，导游服务质量评价是一个动态的变化过程，但是旅游者满意始终是导游服务质量评价的一把标尺。

3.1.1 心理学基础

从心理学角度对导游服务质量进行深入分析，有利于我们了解旅游者评价导游服务质量的心理动机，把握旅游者抱怨导游服务失误的心理认知，为构建导游服务质量评价模型及其评价指标提供心理学依据。

1. 导游服务质量评价的心理学相关理论

心理学是从社会与个体相互作用的观点出发，研究特定社会生活条件下个体心理活动发生发展及其变化的规律的学科。导游服务质量测评体系中，涉及游客与服务员工、游客与旅行社、导游工作人员与旅行社管理部门等各种相互交往关系，并主要表现为导游服务中游客、导游服务人员、管理者的认知。因此，社会心理学对于评价各方及导游服务质量的认知与评价有一定的指导作用。对导游服务质量的评价具有指导作用的社会心理学理论主要有社会认知与归因理论和角色理论[47]。

（1）社会认知与归因理论

社会认知是个人对他人的心理状态、行为动机和意向做出推测与判断的过程，其判断依据是认知者的过去经验、认知者的思维活动（出处？谁给出的定义？）。归因，则是指人们对他人或自己的所作所为进行分析，指出其性质或推论其原因的过程，也就是把他人的行为或自己的行为原因加以解释和推测[48]。社会认知与归因理论反映在导游服务质量测评体系中，首先是评价主体根据过去经验、思维活动对服务质量的认知；其次是对服务行为的内在原因加以推论，从而得出对服务质量的最后评价[49]。

（2）角色理论

美国营销学家 Michael R. Solomon、 Carol F. Suprenant、JohnA. Czepiel 和 Evelyn G. Gutman 认为角色理论可用于解释面对面服务[50]。面对面服务是买卖双方相互接触、相互交往、相互作用、相互影响的过程。在面对面服务过程中，游客和服务人员都要扮演某种角色，都需要根据某个服务剧本表演。通过角色社交活动，游客可获得预见其他角色扮演者行为的能力，这种情况称作"理解他人扮演的角色"。通过这个深入过程，服务人员可预见游客的角色行为，并相应地调整自己的行为。

2. 导游服务质量评价的心理需求分析

导游服务质量的评价研究，从某种程度上，可以说是对旅游者更高层次的心理需求满足状况的有效衡量。具体而言，如果旅游者对导游服务质量的心理需求在实际体验中得到有效满足，甚至实际体验的服务质量超过其心理需求，那么旅游者会对导游服务质量做出满意的评价结论；反之，当旅游者的心理需求未得到满足时，他们对导游服务质量的评价结论就是差或者低劣。值得注意的是，导游提供的服务产品涉及食、住、行、游、购、娱等多项内容，从这些服务产品中，由于旅游者获得的感知价值不尽相同，使得他们对导游服务质量的心理需求存在差异，这是对自然和社会文化环境的反映和适应的过程。

（1）导游服务质量的心理需求

导游服务质量的评价研究，从某种程度上，可以说是对旅游者更高层次的心理需求满足状况的有效衡量。具体而言，如果旅游者对导游服务质量的心理需求在实际体验中得到有效满足，甚至实际体验的服务质量超过其心理需求，那么旅游者会对导游服务质量做出满意的评价结论；反之，当旅游者的心理需求未得到满足时，他们对导游服务质量的评价结论就是差或者低劣。值得注意的是，导游提供的服务产品涉及食、住、行、游、购、娱等多项内容，从这些服务产品中，由于旅游者获得的感知价值不尽相同，使得他们对导游服务质量的心理需求存在差异，这是对自然和社会文化环境的反映和适应的过程。

1）对游览服务质量的心理需求

旅游活动的核心和关键环节就是"游"，为了满足旅游者享受"游"的乐趣，导游提供了游览、导游等相匹配的具体服务产品。然而，对于导游提供的游览服务质量，不同的旅游者可能存在不同的心理需求。这些不同的心理需求可以归纳为以下几种类型：

① 好奇心理

旅游者的好奇心理反映在旅行游览过程中所表现的求新、求奇、求知。我国的入境旅游者在游览过程中，对种种新奇的旅游吸引物，都会产生极大的兴趣，他们期望我国导游能够提供一些具有民族特色的观光项目。就国内旅游者而言，随着经济收入和文化水平的提高，他们不仅希望获得身心方面的放松，而且希望在旅行过程中通过导游提供的导游服务，了解旅游景点的历史典故，参与自然世界的探险猎奇活动。

② 审美心理

审美心理是旅游者的思想感情和心理状态主动作用在审美对象时形成的，这种心理随着旅游者的不同审美要求亦有变化。而且，旅游者在游览中的审美心理涉及面广，仅从旅游者的审美动机来看，包括自然审美、人文与社会审美、文化艺术审美和饮食生活审美等。基于这些审美心理，导游人员在提供游览服务产品时，应该有意识地照顾其共同的审美情趣，使旅游者在消费游览服务过程中享受内容与形式的和谐统一，从而对游览服务质量产生满意感。

③ 理性心理

对于商务型旅游者而言，他们到旅游目的地游览的主要动机是进行商务活动，旅行游览仅为辅助项目，因此他们的商业目的高于旅行目的，而且他们常常是专业人士，在选择导游提供的服务产品时具有理性心理，表现出明显的针对性。因此，商务型旅游者期望导游提供的游览服务，既要服务产品体现期限短且频繁的特点，又要服务质量不受季节变化影响，使其能够满足较高质量水准的心理需求。

2）对食宿服务质量的心理需求

旅游者经历了一段时间的旅行到达目的地或中转站后，迫切需要解决食宿问题，导游提供的住宿、餐饮服务可以解决旅游者的这些问题。通常，饭店或酒店是提供住宿、餐饮服务的代表，当旅游者住进饭店或酒店后，成为这些企业的服务对象，这样他们自然就会产生对食宿服务质量的心理需求。

① 求尊重心理

当旅游者踏入饭店，在前厅、客房、餐厅等服务场所便表现出明显的求尊重心理。他们期望自己是最受欢迎的人；期望看到的是亲切宜人的笑脸、听到的是礼貌友好的问候；期望尊重他们的人格、习俗和信仰；期望服务人员认真解答所提的问题，耐心倾听他们的意见和要求，并提供他们所需要的个性化服务。总之，旅游者期望进入一个充满友好、愉快的服务氛围中。

② 求方便心理

任何旅游者都希望所下榻的饭店或酒店能为他们提供各

种方便。例如，在前厅，旅游者期望能快速且简洁地办理住、离手续，或者为他们提供订票、订餐、交通等配套性服务。实际上，"方便性"是旅游者对食宿服务的基本需求，若能得到满足，将有助于消除他们在旅行游览中的疲劳和困顿，在心理上形成愉快、舒适的服务体验情绪。

③ 求卫生心理

在外食宿，旅游者特别关注所到之处是否清洁、整齐，他们对客房、餐饮的卫生服务提出更严格的要求。旅游者希望导游的服务场所始终保持清洁，直接与生理接触的服务设备、设施都应严格消毒，特别是期望就餐时，既能享受餐厅服务环境整洁卫生的视觉美，又能放心享用干净无污染的美味食品。

④ 求美心理

在物质生活丰富的现代社会，旅游者仅仅期望住能安身、食能果腹的时代已成为过去，充分享受导游提供的食宿服务已成为外出旅行时不可或缺的部分。以酒店为例，旅游者在餐厅就餐、在客房休息都是一项综合性的审美活动，他们期望拥有温馨安逸的客房、享受宁静舒适的环境，体味特色繁多的佳肴、感知亲切细腻的服务。

3）对交通服务质量的心理需求

人们开始旅游活动的第一步就进入了导游提供的交通

服务范畴。这里所指的交通服务，是一般性交通服务中服务于旅游市场的那一部分。导游的交通服务是提供给旅游者在"行"方面的服务产品，它包括导游提供给旅游者从始发地到目的地的大服务范畴，以及在旅行游览中的局部服务产品。虽然对导游的交通服务质量，不同的旅游者会有不同的心理需求，但是在不同的需求中仍然包含着普遍意义的基本需求。

① 便捷的需求

旅游者在旅行过程中对时间的知觉是非常敏感的，他们期望导游提供的交通服务产品是方便快捷的，所支出的时间成本是高效率的。这是因为每个人一天中所支配的时间是固定不变的，只有 24 小时，这种限制就促使人们寻求一切途径节约时间，表现突出的是旅游者在游览过程中期望尽快从一个目的地赶到另一个目的地，尽量缩短枯燥乏味的时空距离，充分体验导游提供高速便利的交通服务。

② 准点的需求

时间是最宝贵的资源。旅游时间是旅游者有限时间的一部分，通常被安排为旅行时间、游览时间、休闲时间、就餐时间等。由于导游提供的交通服务产品带有严密的连贯性，前一站的误点必会影响之后的游览活动，从而损耗旅游者有限的时间资源。因此，旅游者对导游的交通服务质量普遍产生"准点"的心理需求，这种需求也是旅游者计划和保持正常旅游活动的基本要求。

③ 安全的需求

旅游者外出度假游览是为了满足生理需要和心理需要，然而只有在安全的保障下，才能乐在其中。安全是旅游活动的前提，只有被认为是安全的旅游交通服务，旅游者才敢外出，才能外出。旅游者对导游的交通服务质量提出安全需求，这是其最为关注的首要需求。继"9·11"恐怖事件后，旅游者在旅行途中的安全需求表现得更加突出，只有在安全保障的前提下，他们才能感知到导游交通服务产品的便捷准时性。

④ 舒适的需求

旅游作为一种休闲活动，旅游者投入的是时间和金钱，获得的是精神和心理多层次、多方位的享受。导游提供"舒适愉快"的交通服务产品，正是迎合旅游者在"行"方面更高层次的需求。旅游者对交通服务产品产生舒适愉悦的感知价值，不仅限于导游在目的地提供的交通服务，而且贯穿于旅游活动的全过程。

以上从旅游者角度，对导游服务质量的心理需求的阐述可知，旅游者对导游服务质量产生的心理需求存在差异，这些差异不仅影响旅游者对导游服务产品的消费抉择，而且最终影响他们对导游服务质量评价的综合结论。以导游提供的食宿服务为例，当旅游者的求美心理需求居于主导地位时，他们很可能选择服务质量等级较高的星级饭店，并在消费食宿服务产品的过程中和过程后，受求美心理的影响对其服务质量形成是否满意的综合评价。更为复杂的是，对导游服务质量进行评价时，旅游者并非仅受一种心理需求的影响，而是受到两种或两种以上的心理需求的共同影响。这种共同影响直接作用于旅游者评价导游服务质量的全过程，使其衡量服务质量的实际体验与其心理需求是否一致，如果旅游者感知到两者之间存在差距，那么他会认为导游提供的服务产品出现了失误或缺陷，从而对导游服务质量做出不满意的评价结论。

3. 导游服务失误的心理认知分析

当物质产品出现质量失误问题时，顾客会通过退还、赔款、换新和维修等方式进行解决。但是当导游提供的服务产品出现失误，导致服务质量出现问题时，旅游者不能通过以上的方式加以解决，而只能以抱怨和投诉的方式来表达其"购买后的不满"。旅游者对导游服务产品的失误产生抱怨和投诉，是由于他们认为所实际感知到的服务质量与其心理需求之间相差甚远，并且这种差距导致他们形成挫折感。通常，旅游者的挫折感来自以下两种心理状态。

（1）不公平的心理认知

服务产品的无形性加大了顾客的购买风险。在购买服务产品之前，顾客无法评估其实际的服务质量水平，甚至在服务产品消费之后，顾客仍可能无法准确评估自己所体验的服务价值。因此，服务产品的无形性使顾客更加重视服务质量的公平性。导游提供的服务产品具有服务产品的一般特性，旅游者花费了金钱和时间而不能享受到相应的服务价值，容易产生不公平的心理感觉。这种不公平心理是产生挫折感的一个重要内在因素，具体表现在：旅游者认为导游服务产品的价格水平与其质量等级不匹配，或者旅游者认为导游的服务设备与服务设施不完善，其服务环境也难以产生安全感和舒适感等。

（2）不满意的心理认知

顾客购买服务产品时，通常会在消费之前形成期望，消费活动结束后，顾客将感知实际与消费期望进行对比，如果两者不一致就会出现差异：正差异意味着实际高于期望，此时顾客感到非常满意；负差异意味着实际低于期望，顾客感到失望，产生不满意的心理情绪。同样，对于导游的服务产品，旅游者在购买和消费时也会进行对比，当所提供的服务产品不能满足旅游者的心理需求，实际体验和感知的服务价值低于期望时，旅游者自然就会产生不满意的情绪。产生这种情绪的旅游者可能会采取一系列的行动来发泄其挫折与不满，比如，向导游提出公开的赔偿要求，或者告诫自己的朋友、客户等谨慎购买该公司的旅游服务产品。

3.1.2　经济学基础

导游服务质量评价可以理解为，是对旅游者的心理需求满足程度的刻画和反映，但是在市场经济背景下，导游提供的服务产品是一种商品，它要求旅游者支付费用才能进行消费，而且这个费用并不是无限制的，它受到旅游者收入水平的制约。因此，可以从经济学的角度探讨导游服务质量评价的理论依据，即旅游者通过支出一定的时间、金钱和精力等成本来消费导游的服务产品，并在消费过程中实际获得物质需求和精神需求的满足程度，也就是衡量导游服务产品的消费效果。通常，从旅游者的角度，衡量导游服务产品的消费效果，需要首先分析服务产品的消费效用（旅游者的主观感知）和服务产品的消费预算支出（旅游者的消费能力），然后在此基础上分析导游服务产品的消费效果（旅游者对服务质量的评价）。

1. 导游服务产品的消费效用分析

导游服务产品的消费效用，是指旅游者在消费导游服务产品时所获得的需求满足程度，这种满足程度主要是旅游者的心理感受和主观评价。由于服务产品的无形性特点，使得导游服务产品的消费效用难以借助明确的数值表示，这一现象恰好证实了微观经济学的序数效用理论。该理论认为商品的效用是无法具体衡量的，商品的效用只能用顺序或等级来表示，而且还提出消费者偏好和无差异曲线的概念，前者是指消费者对于各种不同商品组合的偏好程度是有所差别的，这种偏好程度的差别决定了不同商品组合效用的大小顺序；后者则表示能给消费者带来同等效用水平的两种商品的不同数量的各种组合。

导游直接面向旅游者提供的服务产品具有综合性特点，其服务产品涉及住宿、餐饮、交通、游览、购物、娱乐等诸多内容。根据序数效用分析理论，假定在旅行过程中，旅游者仅消费导游提供的两项服务产品 X 和 Y，按两项服务产品的不同质量感知等级（质量感知等级通常分为：最好、好、尚好、一般、差）会有各种不同的组合，这些不同质量感知等级组合的点轨迹就形成导游服务产品的无差异曲线。在无差异曲线上的任意一点，都表示这两项服务产品的一种质量感知等级组合，该组合获得同等消费效用的主观感知。如 3-1 所示，导游提供的服务产品 X 的质量感知等级 Q_{X1} 和服务产品 Y 的质量感知等级 Q_{Y1}，两者构成了质量感知等级组合 A；而质量感知等级组合 B，则是由服务产品 X 的质量感知等级 Q_{X2} 和服务产品 Y 的质量感知等级 2 构成。由此可知，A 和 B 在同一曲线 U 上，这就表明导游提供的两项服务产品，旅游者既可以从其质量感知等级组合 A，也可以从其质量感知等级组合 B，从而获得同等消费效用的主观感知。

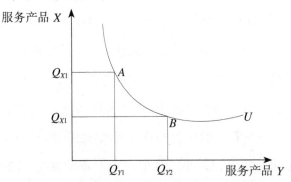

图 3-1　导游服务产品消费的无差异曲线

2. 导游服务质量的消费效果分析

导游服务产品的消费效果，反映的是通过购买和消费导游服务产品，旅游者实际获得的最大满足程度。具体而言，旅游者在支出一定费用和时间的条件下，通过消费导游服务产品，他们所获得物质上和精神上的最大满足和体验，这也是旅游者对导游服务质量的心理需求与实际体验的最大相符程度。

因此，心理学和经济学的相关研究成果，不仅可以为导游服务质量评价模型的构建提供理论支撑，而且还能科学指导评价指标的选择和确定。

根据上述对导游服务产品的消费效用和消费预算的分析，要实现导游服务产品消费效果的最大满足，如图 3-2 所示，旅游者就要选择消费预算线 L，与无差异曲线 U_2 的切点

M，该点代表的是导游服务产品的质量等级组合，即旅游者购买服务产品 X 的质量等级 Q_{X1} 和购买服务产品 Y 的质量等级 Q_{Y1}。在 M 点上之所以能够获得各种需求的最大化满足，是因为该点服务产品的质量等级组合，既能全部用完旅游者的全部预算支出，又能完全实现旅游者对服务质量的心理需求和满意体验。而在无差异曲线 U_1 的 N 上，虽然节约了旅游者的消费预算，但是他们并没有从导游的服务产品中获得最大化的消费效用；与之类似，在无差异曲线 U_3 的 T 上，虽然可以实现旅游者消费效用的最大化，但为此而支出的消费预算远远超出了他们所能承受的范围，因此旅游者实际上并不能对导游服务质量产生满意感。

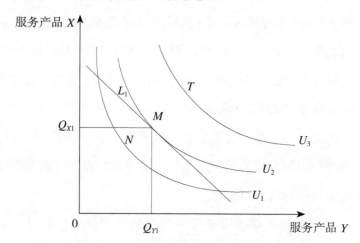

图 3-2　导游服务产品的消费效果

通过对服务产品的消费效果分析，可以揭示导游服务质量评价的形成机制，即导游服务质量评价，是建立在旅游者感知服务产品的消费效果基础上，是旅游者对导游服务产品的感知价值与其消费成本之间的衡量和比较。其中，通过购买和消费导游服务产品，旅游者所获得的感知价值主要包括两个部分：①技术性服务价值，这是导游服务质量的可见部分，是旅游者在服务产品消费中获得的最终收益；②功能性服务价值，这是导游服务质量的可感知部分，是指旅游者在服务产品消费过程中获得的利益和享受。另外，旅游者对导游服务产品所付出的消费成本，主要包括三个部分：①货币成本，这是旅游者考虑购买和消费导游服务产品的主要因素，但不是唯一因素，货币成本的多少取决于旅游者的可支配收入水平；②时间成本，它是在整个旅行过程中，旅游者等待、体验、享受导游服务质量所花费的时间量；③信息成本，它属于非物质性消耗，难以用经济性指标来衡量，但是对信息的收集和获取需要花费一定的费用和时间，因此信息成本蕴涵在经济性成本中。

综上所述，我们认为，导游服务质量评价模型应该体现旅游者的"投入"与"产出"的关系，通过衡量导游服务产品消费过程中的这种投入、产出关系，能够获得导游服务质量是否满意的评价结论。因此，心理学和经济学的相关研究成果，不仅可以为导游服务质量评价模型的构建提供理论支撑，而且还能科学指导评价指标的选择和确定。

3.2 导游服务质量评价体系构建

3.2.1 构建背景

近年来，我国旅游业发展迅速并取得了可喜的成绩，但在发展过程中也暴露了诸多问题，如部分地区不能实现资源合理配置的问题，整体仍然处于一种低消费、低水平、大众化、中近距离旅游的状况。旅游基础设施、服务设施建设发展很快，但仍不能适应国内旅游发展速度的要求等[51]。而诸多学者在意识到这些问题后也都做了大量的调查研究，为相应问题的处理提供了切实可行的建议。当然相关部门也在不断地用各种切实可行的办法在解决这些问题，但在以上问题都得到缓解的同时，旅游业却掀起了信誉危机和服务质量危机，游客的投诉屡见不鲜，而矛头大都指向导游。究其原因主要是导游服务质量评价、监督、管理、激励等机制的不健全[52]。而导游服务的质量不仅直接影响着旅客的满意度问题，而且也直接影响着旅游业的发展，因此旅游业发展的问题是否解决直接体现在导游的服务质量上[53]。

至今学者们对导游服务质量的评价研究从途径上讲主要有两种，一是直接对导游服务进行评价；二是通过顾客满意反映服务质量。但无论是哪种评价方法都不能全面客观地评价导游的服务质量，从而导致对导游人员的服务水平错误评价。本文认为在对导游人员服务质量进行评价的过程中，关键是建立一个科学、完整、有针对性且具操作性的评价体系，但无论是单纯地从顾客感观、导游人员自身或导游服务供方还是相关管理和监督部门对其进行评价都具有一定的片面性。比如，若从顾客感知的角度，就忽略行业自身对导游人员的职业规范，若单纯地从供方评价又不能较好地反映服务本身对顾客作用的结果。

在研究方法上，导游服务质量评价已经从定性分析发展到了现在的以定量实证研究为主[54]。具体关于评价服务质量的方法很多，如结构方程模型、多元统计方法、数据包络法（DEA）、网络分析法（ANP）等。导游服务质量指标的不易被量化使得评价具有一定程度的模糊性，评价过程中评价者受各种因素影响也可能会做出过高或过低的不公正评价，这些都会影响最终的评价结果。为避免以上弊端，本章采用 SERVQUAL 模型，其核心是服务质量差距模型，即服务质量取决于用户所感知的服务水平与用户所期望的服务水平之间的差距程度[55]。

3.2.2 体系构建

本构建体系基于结合顾客感知、供方自评和第三方评价来对导游服务进行全面评价，形成导游服务质量评价的三方指标评价体系。

1. SERVQUAL 模型

SERVQUL 服务质量模型是一个非常著名的服务质量测量工具，该模型通过一系列的差距来评价服务质量的情况。模型主要依据由评价方比较事前对服务期望及事后对服务的感觉之间的差距，来测量评定对服务质量高低的认知[56]。帕拉索拉曼（A. Parasuranman）、泽斯曼（ValarieA.Zeithaml）和贝利（LeonardL. Berry）等建立了 SERVQUAL 服务质量模型，他们指出服务质量是许多复杂因素综合作用的结果，要正确评价服务质量，首先应对评估服务质量的内在情况进行研究。以评价方的观点，服务质量可划分为多个因素项目，包括有形性、反应性、可靠性、胜任能力、可信度、安全感、礼仪、易接触、易沟通和对顾客的了解。这些因素又进一步分为顾客感知服务质量的五大属性，即可靠性、保证性、反应性、移情性、有形性[57]。

该模型的运作主要是通过评价方打分、问卷调查来完成的。SERVQUAL 的问卷调查表由两部分内容组成。通过问卷调查等方式使评价方对各项指标的期望服务水平和感知服务水平进行打分。分数从 1~5，其中 1 代表最不同意某项观点，5 代表最同意某项观点。进而得到各项指标的差距分值，差距分值越小，服务质量的评价就越高。具体公式如下：

$$SQ= \sum_{k=1}^{s} W_k \frac{\sum_{i=1}^{R} (\overline{P}_i - \overline{E}_i)}{R} \qquad （3-1）$$

其中，SQ 为 SERVQUAL 中的总体感知质量的数值；R 表示每个属性的问题数目；W_k 表示第 k 个属性的权重；$\overline{E}_i$ 表示评价方对第 i 个问题期望值方面的平均值；$\overline{P}_i$ 表示评价方对第 i 个问题感受方面的平均值[58]。评价方的平均感知为 $\sum_{k=1}^{s} W_k \frac{\sum_{i=1}^{R} (\overline{P}_i - \overline{E}_i)}{R}$，评价方顾客的平均期望为 $SQ= \sum_{k=1}^{s} W_k \frac{\sum_{i=1}^{R} (\overline{P}_i - \overline{E}_i)}{R}$。

显然，评价方从期望的角度与实际感受的角度给出的分数往往不同，两者之间的差异就是该服务项目的分数。SERVQAL 指数越高，说明评价方的体验超过了其预期的水平，评价方感知的服务质量也就越高。

2. 导游服务质量评价体系

从供方评价、感知方的顾客评价和第三方评价三个不同侧面尝试构建一个新的导游服务质量评价指标体系。该体系将结合顾客感知，供方自评和第三方评价来对导游服务进行全面评价。

（1）导游服务供方评价指标

导游服务供方对导游人员的准入、要求、管理、培训等决定着旅游产品实施的好坏，也直接影响着导游人员素质的高低和导游服务质量和服务水平的高低。而供方也能根据对导游服务人员的管理评审、内部审核、定期巡视、专项业务素质考查等，从不同的侧面比较导游服务人员可提供的服务质量水平与提供的服务质量水平给出较客观的比较和评价。其评价指标见表3-1，该部分评价包括供方标准和导游人员各项指标的实际水平。

表 3-1　导游服务质量评价的供方指标

供方评价	
一级维度	二级评价指标
管理者认知	评价供方期望与顾客感知间的差异
管理者准则	评价供方期望的感知管理与服务质量规格间的差异
服务传递	评价服务质量规格与实际服务传递间的差异
内部沟通	评价实际服务传递与外部顾客沟通间的差异[59]
服务质量	评价供方期望的服务质量与感知的服务质量间的差异

（2）感知方的顾客评价指标

SERVQUAL 评价模型有 5 个测评维度，即有形性、可靠性、响应性、保证性、移情性[60]。① 有形性，是指有形的设施、设备、人员和通信器材的外表。② 可靠性，是指可靠地、准确地履行服务承诺的能力。服务行动的可靠性是顾客所期望和需要的，它意味着服务要以承诺的方式准确地完成。
③ 响应性，是指帮助顾客迅速提供服务的愿望。④ 保证性，
是指员工表达出的自信与可信的知识、礼节和能力。它包括
如下特征：完成服务的能力，与顾客有效的沟通，对顾客的
礼貌和尊敬，将顾客最关心的事放在心上的态度[61]。⑤ 移
情性，是指对顾客给予特别的关注并设身处地地为顾客着想。
移情性有以下特点：敏感性、接近顾客的能力、理解顾客的
需求。可以通过顾客调查找出这 5 个维度对导游服务的期望
和感知，找出差距，从而采取措施提高导游服务质量。与之
对应建立指标体系见表 3-2，该部分问卷顾客需在得到导游
服务之前给出所期望的各项指标等级评价，并在结束导游服
务体验之后给出实际感知的各项指标等级评价[62]。

表 3-2　顾客感知的导游服务质量指标

一级维度	二级指标	
有形性	T1	第一印象
	T2	精力充沛
	T3	幽默（表达）能力
	T4	服务态度
	T5	服饰整洁、得体
	T6	举止大方
可靠性	RL1	工作准时
	RL2	行程介绍
	RL3	执行接待计划
	RL4	介绍旅游目的地知识
	RL5	介绍旅游目的地风俗
	RL6	购物商店选择

续表

一级维度		二级指标
响应性	RS1	讲解能力（知识丰富可以回答游客提出的问题）
	RS2	协调能力（与景区/购物场所等的协调）
	RS3	介绍安全注意事项
	RS4	介绍天气
保证性	A1	导购服务
	A2	餐饮服务
	A3	处理事情（遇突发事件等）
	A4	诚实可信
	A5	吃苦耐劳
	A6	语言流畅
移情性	E1	尊重游客
	E2	营造气氛（能创造友好的氛围）
	E3	热情待客
	E4	礼貌待客
	E5	善于和旅游者沟通
	E6	主动帮助旅游者
	E7	满足旅游者合理的要求

（3）第三方评价指标

我国导游人员有较高的流动性，且社会导游（兼职导游）已成为导游队伍的主体力量。日益增加的社会导游人员通常游离于旅行社内部管理和国家旅游行政管理的边缘，形成其业务管理和行政管理上的双重缺位[63]。由于导游公司和旅行社间的导游租赁属企业行为，鉴于公平和《中华人民共和国民法通则》，无法要求企业必须租用和不用某公司的导游人员。旅游公司不是导游行业管理机构也不具备导游行业的管理能力，诸多原因造成了第三方对导游服务人员监督管理的必要性，以及对导游服务质量评价的必要性。鉴于第三方评价的角色特征，建立评价指标见表 3-3。

表 3-3 导游服务质量第三方评价指标

一级维度	二级指标
服务过程评价	协调能力
	表达能力
	应急能力
	及时度
	热情度
	专业度
服务结果的评价	满意度
	可信度
服务准备评价	经验水平
	建议水平

该部分评价包括第三方标准和导游人员实际在各指标中达到的水平。

3.2.3 模型适用性分析

SERVQUL 服务质量模型是非常著名的服务质量测量工具，已经被广泛应用并证实其在顾客感知对服务质量方面评价的适用性。但对导游服务的供方及第三方评价是否适用，尤其对三方评价是否适用尚不得知。为获得可靠且符合研究目的的数据，数据必须满足内容客观统一、描述真实、样本空间大、相互效应小和便于处理等特点。因此，本研究采用专家意见、问卷调查等方法与深圳市百事得导游服务公司合作对导游进行测评，其中问卷的设计最初通过回顾文献、专家访谈等设计了初稿，拟出问卷后再次邀专家讨论，随后实施测试并修订形成终稿。用以验证该模型的适用性的数据，样本时间跨度为一年。在用以上模型对导游服务质量进行评价时，数据信息的采集由问卷的形式完成，且问卷可设计为两部分，第一部分是受访者的个人信息，包括性别、年龄、文化程度等。第二部分反映旅游者对导游服务质量的评价，该部分为配对设计，采用李克特5级量表法计量旅游者的评价结果，分值从 1 ~ 5，其中分值越高，表示旅游者对某评价指标越满意或者认为某评价指标越重要[64]（其中 5 表示特别好，4 表示较好，3 表示一般，2 表示较差，1 表示差）。

通过样本的配对 T 检验，得到 Sig.（2-tailed）双尾 t 检验的显著性概率均为 0.000，如果小于 0.001，就可以断定顾客对服务质量的期望和感知之间，存在显著性差异[65]。即配对 T 检验的结果证明模型估计服务质量的可行性。

1. 维度分析

该模型采用探索性因子分析来检验设计问卷维度，可以得到 KMO 值为 0.816（高于 0.7），Bartlett 球体检验得到 P 值为 0.000，研究结果表明样本非常适合做因子分析。以此对样本进行主成分因子分析，通过提取各个公因子，并进行方差最大化正交旋转法。其中提取公因子的累计方差贡献率为86.491%。

2. 信度分析

信度是指稳定性的程度或测量结果（数据）一致性。为了检验新模型的信度，我们可以采用反映内部一致性指标（Chronbach's系数）来表示。如果数据各个维度及整体的信度良好（均大于0.7，特别是整体信度系数大于0.9），表明量表信度较佳。

3. 效度分析

效度是指测量方法能正确测量出所要测量特征的程度，通常包括表面效度、指标判别效度和指标收敛效度。

（1）表面效度（内容效度）

表面效度通常是指测量目标与测量内容之间的适合性与相符性。PZB SE-RVQUAL模型中的5个维度已经被国内外学者验证（如Patrick，Karl and John，1996）。所以，我们完全相信导游服务质量模型具有合理的表面效度。

（2）指标判别效度

Marsh认为，可以判断提取出来的一阶因子（潜变量或维度）的收敛效度和判别效度。关于潜变量的判别效度，我们可以根据MTMM矩阵得知。若每两个维度（潜变量）间的Efficient Alpha均大于它与其他维度间的相关系数，表明维度的判别效度理想。二级指标的判别效度则可根据因子得分权重来判别。通常，若每一维度下的二级指标与该维度得分权重都明显高于它在其他维度下的得分权重，就可以说明每一维度下的二级指标都有理想的判别效度。

（3）指标收敛效度

对所有的测量指标而言，判断标准化后的因子负荷明显高于相关研究的最低临界值 0.6 标准，同时具有较强的统计显著性（P=0.000 < 0.005），二级指标均与它对应的维度间有较大的联系，此时，二级指标有较强的收敛效度。

4. 结构模型的拟合与评估

我们可以采用最大似然估计（Maximum likelihood，ML）进行模型的拟合，运用 AMOS 7.0 软件，进行二阶段因子分析，结果表明模型的拟合理想程度。

第 4 章 基于游客感知的导游服务质量评价体系实证研究

导游服务质量对于整体旅游业健康发展至关重要，如何对其进行科学准确评价则是关键。本章试图通过基于游客所感知的导游服务质量来分析导游服务质量的内涵，并通过构建游客感知导游服务质量的评价模型，来进行实证研究。

4.1 游客感知和导游服务质量概述

4.1.1 游客感知导游服务质量的界定

如同其他的服务质量一样，导游人员的服务质量可以从两个角度来认识。一个是依据导游服务的实际和管理方的内部要求来定义导游服务质量。也就是说，导游服务质量是反映旅游服务满足游客明确或隐含需要能力与特性的总和。另一个则是从游客评价的角度来定义导游服务质量。

旅游服务的对象是游客，服务质量的好坏最终也应该由游客来决定，游客感知导游服务质量就是从游客的立场来看待导游服务，即游客通过比较其实际接受的导游接待服务与其期望目标得出的对于导游服务的感知，就是游客感知导游服务质量[66]。

导游人员提供的服务是与游客高度接触的纯服务，服务含量高，其服务质量的高低也更多地依靠游客的评价。游客认为导游提供的服务达到其期望的水平，其服务质量就算可以接受，如果游客实际接受的导游服务高于其期望的水平，那么超过期望值越多，游客感知的导游人员服务质量也就越高。反之，如果导游服务未达到游客的期望水平，那么游客感知的导游服务质量就差。可以用如下公式表示：

PQ>EQ，超出期望，导游服务质量惊喜。

PQ=EQ，满足期望，导游服务质量可以接受。

PQ<EQ，低于期望，导游服务质量低下。

这里，PQ为游客期望的导游服务质量，EQ为游客实际接受的导游服务质量。

4.1.2　游客感知导游服务质量的范围

把握游客对于导游服务的感知内容，首先必须从游客参与导游服务过程的角度出发，了解导游服务体系的构成。我们从分析游客的旅游需要入手，游客在旅游活动过程中，需要的旅游服务主要包括旅游目的地的交通、游览、住宿、餐饮、购物、娱乐、公共设施等方面的服务，而这些服务是由不同的部门和企业来提供的。从游客的角度来看，每一项服务都是旅游必需的环节，但只有将各项服务串联起来才能完成旅游活动。导游服务的主要职能就是连接各个服务环节，使游客的旅游活动能够顺利进行，并从中得到愉悦的感受。而离开了这些相关服务的支撑，导游服务也无从谈起，因此相关服务应该成为导游服务体系的一个必要组成部分。

作为旅行社的派出服务人员，导游在独立带团中面临着游客各种需要及多变的服务环境，没有旅行社后方人员的支持和配合，圆满完成服务工作也是不太可能的。

从游客参与的角度来看，导游服务体系可分为前台服务操作部分和后台服务辅助部分。前台服务操作部分是指直接面向游客提供服务的体系，即游客可以直接看见和感受到的各项服务，包括交通、住宿、餐饮等各个相关旅游接待单位的服务、导游人员的服务等；而后台服务辅助部分是指不直接面对游客而间接为其提供服务的体系，即游客不能直接看见或者感知的服务部分，包括旅行社后勤人员的服务、计调人员的服务等，如图 4-1 所示。

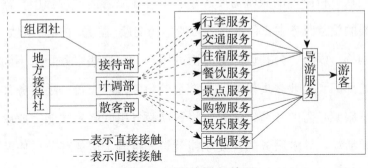

图 4-1　导游服务体系

（资料来源：陶汉军，黄松山的《导游服务学论》，中国旅游出版社，
2002年，第125页。注：有改动。）

　　从满足游客需要的性质来说，前台服务操作部分和后台服务辅助部分是直接服务和间接服务的关系。前台服务操作部分提供的服务是游客在旅游行程中直接需要的，对于服务的相当部分或全部，游客不仅能感受到，而且还直接参与其中，即游客是服务的合作生产者，会影响到服务的内容和方式，最终影响游客感知的服务质量。后台服务辅助部分由于不直接面对游客，其服务生产也不受游客方面的直接影响。导游服务体系的两个部分紧密联系，共同促进游客旅游活动圆满进行。后台提供的各项服务是前台顺利服务的前提和保障，没有后台服务做保障，前台的服务就可能出现问题和差错。

　　从导游服务体系中我们可以看到，作为旅行社一线服务人员，导游始终以游客为服务对象，其提供的服务贯穿于各类服务的始终，在旅游过程中为游客提供全方位的引导服务，即组织旅游消费、指导旅游消费、沟通旅游消费和协调旅游消费。

因此，从游客的角度来讲，导游人员的服务质量首先反映的是导游人员在旅游接待过程的质量，是导游人员在带团旅游过程中提供给游客的各类服务质量的综合，它包括导游的带团质量、讲解质量、组织安排能力和协调能力。导游服务质量是导游人员的素质和工作积极性在导游服务中的体现。高质量的导游服务有助于提高游客的满意度，而低质量的导游服务会引起游客的抱怨和不满，不仅会对旅行社的形象和声誉带来损害，而且也对导游人员自身的形象造成不良影响。同时，在游客看来，导游人员代表旅行社来接待他们，所以应该对旅游服务接待工作负责，旅游接待工作中任何一个环节上的差错或失误，都首先表现为导游服务质量存在问题[67]。如果问题得不到很好的解决，必然影响到最终游客感知的导游服务质量。从导游服务体系的分析，我们可以看到导游服务工作的开展，既需要旅行社后勤部门的服务支持，也需要交通、住宿、餐饮等各个相关旅游接待单位的服务配合。因此，导游服务质量的高低，同相关部门的服务质量高低是联系在一起的。提高游客感知整体导游服务质量，不仅要求导游在带团过程中做好自身的职责，也需要各个相关旅

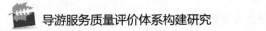

游服务供应部门的积极配合和支持。

4.1.3　游客感知导游服务质量的内涵

导游服务是导游人员提供的同游客之间面对面的服务，其服务过程也就是导游人员同游客相互交往、相互作用、相互影响的过程。游客对导游人员的服务感知是一种整体的感觉，是游客对于导游服务的过程、技术质量和功能质量的综合性感受，是游客对导游服务的直觉。

对于游客而言，导游人员的服务质量既要体现在服务结果上（游客最终所得到的满足），又要表现在服务过程之中（游客在旅游过程中经历的满足）[68]。因此，游客实际感受的导游服务质量应该包含以下两个方面。

1. 技术或产出方面的质量

技术或产出方面的质量，是指导游服务结果的质量，即游客在旅游活动结束之后，旅行社和导游人员为其提供了哪些服务，这些服务对他的满意程度有何影响。导游是否进行了讲解，从导游的讲解中他们了解了哪些知识，导游的服务是否使他们最终按合同顺利完成旅游活动。显然服务的结果必然会影响到游客对导游服务质量的评价。一般来说，游客都能比较客观地对导游服务的技术质量做出评价。

2. 职能或过程方面的质量

职能或过程方面的质量，是指导游接待服务过程的质量，是游客与导游人员互动交往的过程维度，它受到导游人员与游客两方面因素的影响，既与导游人员在整个服务过程中的仪表仪态、职业道德、服务态度、服务程序、服务方法、服务行为有关，同时也与游客的性格特征、教育背景、行为方式、当时的情绪态度及其他游客的影响有关。当然，其中导游人员方面的因素往往对游客实际经历的导游服务质量会产生较大的影响。但游客方面的因素也在产生一定的作用，从而使游客对导游服务过程质量的评价带有一定的主观性。

游客对导游产出服务质量的感知是显而易见的，而对过程质量的感知则要复杂和主观得多。过程质量更强调以人为核心的服务，着眼于服务过程的互动关系，由于游客直接参与可导游服务的生产过程，因此以什么样的方式进行服务、导游人员服务的态度对于游客的影响更为深刻。产出质量和过程质量之间相互影响、相互作用，是一个有机的统一体，最终形成游客实际体验的导游服务质量。

4.2　游客感知导游服务质量模型

4.2.1　模型构建

导游服务质量在很大程度上是游客主观意识的产物，对导游服务质量的感知也是非常复杂的过程。作为导游服务质量的评估主体，游客对于导游服务质量的评估是一个相当复杂的过程，游客感知的导游服务质量是游客根据其旅游期望和享受的导游服务进行比较所做的评价，其主要的依据就是游客在接受旅游服务过程中的主观感受和认识，不仅与游客的服务消费经历有关，也与游客对导游服务质量的期望有关。

根据服务质量的有关理论，本书在梳理了游客感知导游服务质量概念、内涵、游客期望、游客满意的基础上，结合导游服务领域的实际情况，构成的游客感知导游服务质量模型，如图 4-2 所示。

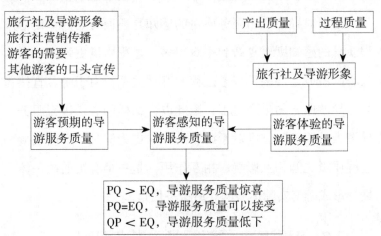

图 4-2　游客感知导游服务质量模型

（资料来源：克里斯蒂·格鲁诺斯，《服务管理与营销：在服务竞争中管理真诚的瞬间》，克莱兴通出版公司，

1990，第 41 页。注：有较大改动）

图 4-2 表明了游客感知导游服务质量的形成过程，以及形成过程中的各种影响因素。游客最后感知到的导游服务质量，取决于游客预期的导游服务质量和实际经历的导游服务质量之对比[69]。当游客体验到的导游服务质量超过他所预期的质量时，游客的感知质量就会很好。而如果游客的预期是不切实际的，那么即使是从客观的角度来看服务质量是好的，游客感知的导游服务质量仍然是低下的。

从模型中可以看到，游客对于导游服务质量的预期受到很多因素的影响，包括游客自身的需要、旅行社的营销传播方式、游客口碑、旅行社及导游队伍的形象等。游客的期望在一个"容忍区域"里变动，同时受导游沟通的影响而变化。而游客实际体验的导游服务质量是由技术质量和功能质量构成的，即导游为游客提供的服务产出以及导游在旅游过程中如何提供服务。而这个体验质量经过旅行社和导游形象的过滤作用以后最终形成。

4.2.2 模型主要影响因素分析

管理导游的服务质量，不仅要注重管理导游人员，也应该重视游客的期望管理，关注影响游客预期导游服务质量的各种因素。这里，笔者就模型中提出的几个主要影响因素做进一步分析。

1. 旅行社形象

对于旅行社这样的服务性企业来说，企业的形象对于游客感知和评价其服务质量的影响非常大。如果旅行社在游客心目中拥有良好的企业形象，深受游客信任，那么他们会认为其服务人员也能提供优质的服务，即使导游在服务接待过程中出现个别失误，游客也能原谅；当然如果这些失误频繁发生，则会破坏旅行社的形象。而如果旅行社在游客中的形象不佳，那么作为旅行社代表的导游任何细微的失误都会给游客造成不好的印象，并影响到游客对于导游服务质量的感知。

2. 导游人员队伍形象

在改革开放之前，导游人员是国家干部，负责外事接待工作，曾经是人们羡慕的职业，但是在市场经济条件下，随着国内游、出境游的蓬勃发展，导游人员的队伍在不断壮大，也渐渐社会化，进入导游队伍的门槛也越来越低，从原来的大学生到现在的高中生、中专生也有资格参加导游人员资格考试[70]。尤其是近些年来，旅行社业内的不正当竞争更使导游人员成了最大的牺牲品。高强度的工作付出换来的却是不稳定的低微收入，使得许多导游纷纷铤而走险。

随着前几年新闻媒体对于导游人员私自加点、私拿回扣等行为的频频曝光，导游在人们心中的形象也一落千丈，人们一提起导游就会联想到回扣、宰客、灰色收入、缺乏诚信，甚至还有人提出所谓的跟团常识：买东西不要听导游的，不论是在深圳还是北京，是国内还是国外，这是一条放之四海而皆准的至理名言。

整个导游人员队伍在游客心中的不佳形象，使得游客在旅游过程中也不断地揣摩导游的心思，甚至有些游客一见到导游，就表现出了对导游的极不信任。无论导游介绍什么，目的是什么，他们的第一反应就是，导游又要想办法赚我们的钱了，游客的这种抵触情绪，对于导游工作的开展是非常不利的。导游的服务工作必须有游客的积极参与和配合才能很好地完成，同时也带来游客高质量的服务感知。如果游客不能信任导游，对导游持有偏见，甚至出现不合作、与导游作对的态度，那么这种情况不但给导游服务工作带来极大的难度，也很容易降低游客感知的导游服务质量。

如果导游人员队伍在游客心中拥有良好的形象，那么游客首先会信任导游、全力配合他们开展工作，导游所要努力的重点就是通过做好接待工作，树立良好的口碑，增加旅游者的满意度[71]。同时，游客的信任和合作的态度也有助于导游人员能更深入地了解游客的多样需求，有针对性地做好服务接待工作。因此，良好的形象是导游人员获得游客的认同和接受，进而团结游客，高质量地完成导游服务工作的前提和条件。而且，游客在消费过程全部结束后，可以从对旅游产品的全面评价中和对优质服务的感受中强化其美好的印象，做出有利于旅游目的地产品的宣传、建立长期稳定的客户关系，成为新产品的购买者或为旅游目的地增加新客源，从而实现更多的旅游产品和服务的价值。

3. 旅行社营销传播

旅行社如何营销推广自己的旅游产品，会影响到游客购买旅游产品时的期望值。如果旅行社在宣传促销旅游产品时，为了吸引游客前来购买，而做出一些不切实际的承诺或者大玩文字游戏来迷惑游客，从而引起潜在游客的购买欲望，那么此时不明实际的游客对于旅游的期望也大大提升。一旦在旅游活动中的亲身经历不如自己预期的那么好，游客就会认为受到欺骗，或者认为导游人员降低了服务水准，对于旅行社和导游人员的服务质量的感受大打折扣，从而降低游客的满意度。

4. 游客的需要和经历

由于受生活习惯、经济条件、价值观等因素的影响，不同游客的需要及对于服务的期望水平也有所差异。比如，在很多旅游景点，导游人员喜欢引用或串编一些通俗易懂的神话传说或民间故事来进行讲解，有的游客听得津津有味，而对于文化层次较高的游客可能会引起反感，认为导游认识水平不够。对于曾经接受过导游服务的游客来说，他们的这种经历也会影响他们对导游服务的预期，接受服务时他们会不断地比较现在与以前的导游服务差异，如果他们认为比以前感受的服务要好，那么他们的感知导游服务质量也相对较高。

5. 其他游客的口头宣传

游客对于导游服务质量的预期还会受到其他人口碑的影响。周围人的看法尤其是有亲身经历的人常常影响游客对于导游人员、导游服务的认识。而越熟悉和亲近的人如亲朋好友、邻居同事等的评价，对于游客的影响来得更为深刻。如果接受正面影响比较多，那么游客对服务质量预期相对比较高，对导游人员的信任程度也比较高。反之，则预期较低，不信任感也会上升，而这必然影响服务活动的开展，给导游人员的工作增加更多的压力。

4.3　游客感知导游服务质量实证研究

对导游人员的服务质量进行评估，是了解导游服务存在问题和持续改进导游服务质量并实现优质导游服务的前提。游客作为全程导游服务的享受者和监督者，对于导游过程服务质量的感知更为深刻和全面。因此，从游客的角度来评价导游人员的服务质量，更有助于发现导游服务过程中存在的质量问题[72]。

目前，在旅行社的实践中，管理人员对于导游人员的服务质量的考察，主要通过游客填写游客意见表或抽取一部分游客进行电话回访等方式来进行。但一般都是依据实际管理积累的经验，并没有上升到理论的角度，而且对于导游人员服务质量的考核管理也没有成为一种常规性制度[73]。

导游服务在服务业中是很有代表性的服务工作，因此，我们认为可以依据帕拉索拉曼（A.Parasuranman）等人提出的服务质量五大属性（可靠性、保证性、反应性、移情性、有形性）为理论基础，并结合导游服务的实际，对顾客感知导游服务质量的决定因素做出详细分析，并据此进一步提出游客评价导游服务质量的模式，希望能为实践中更好地管理和提升导游服务质量提供一些参考。

4.3.1 SERVQUAL 评价模型理论

服务质量是许多复杂因素综合作用的结果。帕拉索拉曼（A.Parasuranman）、泽斯曼（ValarieA.Zeithaml）和贝利（LeonardL.Berry）等人建立的 SERVQUAL 服务质量模型指出，要正确评价服务质量，首先应对顾客评估服务质量的内在情况进行研究。按照他们的观点，顾客感觉中的服务质量被划分为 29 个因素项目，顾客在评估服务质量时主要根据这些要素进行判断，包括有形性、可靠性、反应性、胜任能力、礼仪、可信度、安全感、易接触、易沟通和对顾客的了解，随后这些因素又进一步被归纳为顾客感知服务质量的五大属性，即可靠性（Reliability）、反应性（Responsiveness）、保证性（Assuranee）、移情性（Empathy）、有形性（Tangibles）[74]。

SERVQUAL 服务质量模型作为质量管理领域一个非常著名的服务质量测量工具，它是通过一系列的差距来评价服务质量的实现情况。主要依据由顾客比较事前对服务期望及事后对服务的感觉之间的差距，来评定其对服务质量高低的认知[75]。

该模型的运作主要是通过问卷调查、顾客打分来完成的。SERVQUAL 的问卷调查表由两部分内容组成：一部分是调查顾客对某一类服务的期望；另一部分是调查这些顾客对具体服务过程的实际感受[76]。两部分所调查的项目基本相同，各由 29 项指标构成。在实际评价过程中要求顾客按照服务期望和服务感受进行两次打分，评分采用 7 分制。7 分表示完全同意，1 分表示完全不同意，2～6 分表示同意的不同程度。显然，顾客从期望的角度与实际感受的角度给出的分数往往不同，两者之间的差异就是该服务项目的分数。SERVQAL指数越高，说明游客的体验超过了其预期的水平，游客感知的服务质量也越高。

事实上，在SERVQUAL 评价模型的建立过程中，学者们为了使其在各种服务行业都具有意义，通过设计和实施各个阶段的研究思路和研究方法，目的是要仅仅保留那些与所有的服务企业有关的、通用的条款。但不同的服务企业，有其各自的服务特色和服务重点，可能在一类服务企业是最重要的指标，但在另一类服务企业并不是排在第一位的。因此，在对某一特定的服务业务进行实际调查时，需要对 SERVQUAL 评价模型进行适当的调整和改变，指标的选取也要根据具体的情况来确定，以使调查的指标与调查实际更加紧密[77]。

4.3.2　游客感知导游服务质量重要因素分析

导游服务就其质量内涵而言，由诸多方面的因素构成，比如导游人员的仪表仪态、对游客的态度、导游人员所掌握的知识、导游讲解的水平和带团的有效性以及对于旅游事故的处理等。导游服务质量是各种因素的整体体现，其中任何一种因素都会影响到导游服务的整体质量。我们从旅游者的角度来看，游客的需求特点决定了导游服务的内容和方向，而游客需求的满足程度则决定了导游服务质量的标准。

笔者以 SERVQUAL 服务质量评价理论为基础，通过分析导游服务工作实践，并咨询有关专家，总结了形成游客感知导游服务质量的重要因素。从导游人员的职责及满足游客的需求的角度，认为决定游客对于导游服务质量评价可从以下五个维度去考量，此处仅对五个维度做出具体介绍：

1. 可靠性

可靠性是指导游人员能够按照服务接待计划为游客提供正确、圆满、无差错的服务，包括服务准时、按计划安排旅游行程、介绍必要的安全注意事项、详细介绍目的地情况、介绍游客去可靠的商店购物等。从游客的角度来看，提供可靠的服务是导游服务中最重要的服务特性，是导游服务质量的关键和核心因素。从近些年的投诉热点也可以看出，游客最反感导游人员擅自加点、随意改变旅游行程、甚至甩团等行为。

2. 响应性

响应性即在旅游服务过程中，导游人员乐于帮助游客并能够为游客提供及时、快速、有效的服务；而当服务工作中出现差错或遇到不可预测的问题时，导游人员能尽快采取合适的补救措施，使问题得到迅速解决，给质量感知带来积极的影响。由于旅游活动的开展受到诸多因素的影响，经常会出现一些意外情况，不管是导游和相关部门的服务差错、自然的不可抗力，还是游客自身的原因，此时导游人员如果没有能力或者不及时、合理地处理这些旅游故障问题，不但可能使整个旅游行程计划受损甚至中断，也影响游客感知的导游服务质量。

3. 保证性

保证性则是导游人员具备良好的知识修养、礼貌礼节、服务态度和服务技能，向游客传递信息、信任感和信心；当游客与一位友好和善而且服务技能优秀的导游接触时，普遍能够增强对其服务质量的信心与安全感。在这里，友好的态度和胜任能力两者缺一不可。导游热情、主动，时时为游客着想的服务态度，能够带来意想不到的收获，即使在服务过程中出现一些差错，也能够得到游客的谅解。而冷漠甚至蛮横粗鲁的态度则会引起游客的不满、不合作，甚至提出投诉。

胜任导游服务工作，首先要求导游必须拥有丰富的知识，必须掌握的知识主要有语言知识、史地文化知识、政策法规知识、心理学和美学知识、经济和社会知识、旅行知识、国际知识等[78]，从游客感知的角度来讲，可以概括为景点知识和综合知识两类，导游人员的知识面越广，越能在较大程度上满足游客的需求。拥有知识的深度和广度是构成导游服务质量高低的一个重要因素。其次要求导游人员具有良好的带团技能。导游人员在带团过程中所运用的各种方式、方法和技巧，包括导游人员的组织技能、沟通技能等。导游人员带团水平的高低会直接影响整体团队的活动气氛、团队旅游活动的成效，进而影响游客对导游服务过程质量的感知。最后要求导游人员具有良好的讲解技能。讲解的过程是导游语言的一种主要表现形式，导游讲解技能既表现为对导游内容应有的选择，又表现为语音技巧和讲解手法。幽默风趣、灵活多变的讲解能够调动游客的游兴，丰富游客的体验，而枯燥无味的讲解则带来相反的效果。比如，参观名人的故居时，导游的讲解技能决定了游客看到的是名人住过的一间简陋的小屋，还是一幅精彩的历史画卷。

导游人员冷淡的态度令游客不快，而缺少必要的专业知识和服务技能更会令游客失望。要得到游客的肯定，使其满意，导游人员要有热情友好地为游客服务的意识，同时也必须拥有较高的知识水平，并掌握优良的服务技能。

4. 移情性

移情性是指导游人员能够真诚地关心游客，在为游客服务的过程中，能够设身处地地为游客着想，了解他们各种各样的实际需求，给游客提供个性化的关注，满足游客个人方面的某些特殊要求。这要求导游人员有敏锐的观察能力和良好的沟通能力，对于游客的需要有较高的敏感性，发现游客的一些特殊需要和潜在的需要，并能正确地理解游客的各种需要，进而有针对性地为不同游客提供有人情味的个性服务。

5. 有形性

由于导游服务是一种无形的体验，具有不可感知的特性，游客会借助与其服务相关的有形物质来把握服务质量的高低。比如导游人员的仪容仪表、举手投足间的表现等，都是游客接触导游人员时最直观的感受，是游客感知的"第一印象"。虽然表现为外部特征，却是内在素质的体现，会影响游客对于导游人员的评价。因此，在游客面前，导游人员的仪容仪表要得体，服饰整洁合体，不可太过前卫，也没有必要太庄重，仪态要求导游人员举止稳重大方，表情要自然亲切，这样才能拉近和游客之间的距离，以便进一步与游客沟通，更好地为他们服务。而不当的举止则会令游客认为导游没有礼貌或者不够专业，从而影响对导游的总体评价。

4.3.3　游客感知导游服务质量实证研究

导游服务是与游客高度接触的纯服务，游客直接参与导游服务的全过程，决定了导游服务质量很大程度上取决于游客的感知。因此，评估导游人员的服务质量应该以游客对导游服务的实际评价为主来衡量。通过游客的评价，发现导游服务同满足游客期望与要求之间存在的差距和问题，提出改进服务质量的策略并按计划实施，不断提高和完善导游服务质量。

游客感知导游服务质量的评估，主要依据游客的期望和感受的导游服务，让游客成为评价主体。前面对于导游服务质量的主要构成因素的分析，是对服务质量的一种定性的描述，很难给出确切的数量描述。因此，我们在此引入SERVQUAL 服务质量评估模型，并通过对该模型的优化，完成游客感知导游服务质量的评估。具体步骤为：问卷设计——问卷调查——质量评定与分析。

1. 问卷设计

根据导游人员在旅游过程中提供的服务内容，这里设计了一份模拟导游服务质量游客评价表。

首先，根据对游客评价导游服务质量的主要因素的分析，确定可靠性、敏感性、可信性、移情性和有形性五大评价指标。并根据前面对于游客感知的导游服务重要因素的分析结果，把五大指标进一步分解，确认能为游客理解的具体评价因子（见表 4-1）。

其次，由于被评估的不同指标在游客心目中的重要性是不一样的，即对游客感知的整体服务贡献程度不同，应分析各个指标不同重要性，确定每一个具体指标的权数，从而组成评价因素的权重集合，则值域的范围为，全部权数值的和为 1。权重集的确定可以采用对游客进行抽样调查，或者通过旅游部门、院校及研究单位的有关专家进行打分的方法来确定。对于一次具体的导游服务，用下面的问卷让游客评价，结合因子权重和游客打分情况，最后计算导游服务质量总体得分。

表 4-1　导游服务质量游客评分

尊敬的游客朋友：

您好！这是关于我公司导游服务质量的一项调查。请问您在接受我们导游人员的服务过程中，对于下列各项服务要素的期望如何以及服务满意度如何。您的看法和态度将对我们导游服务的提高和改进有很大的帮助。对此，我们将不胜感激！

指标名称	导游服务质量因子	预期分数（E）	感知分数（P）
有形性	第一印象		
	精力充沛		
	幽默（表达）能力		
	服务态度		
	服饰整洁、得体		
	举止大方		
可靠性	工作准时		
	行程介绍		
	执行接待计划		
	介绍旅游目的地知识		
	介绍旅游目的地风俗		
	购物商店选择		
响应性	讲解能力（知识丰富可以回答游客提出的问题）		
	协调能力（与景区/购物场所等的协调）		
	介绍安全注意事项		
	介绍天气		
保证性	导购服务		
	餐饮服务		
	处理事情（遇突发事件等）		
	诚实可信		
	吃苦耐劳		
	语言流畅		

续表

指标名称	导游服务质量因子	预期分数（E）	感知分数（P）
移情性	尊重游客		
	营造气氛（能创造友好的氛围）		
	热情待客		
	礼貌待客		
	善于和旅游者沟通		
	主动帮助旅游者		
	满足旅游者合理的要求		

注：预期分数中，9= 很认同；7= 比较认同；5= 一般；3= 不太认同；1= 很不认同

感知分数中，9= 很满意：7= 比较满意；5= 一般；3= 不太满意；1= 很不满意

2. 数据来源

本调查数据主要由供方、顾客及第三方评价三部分组成。

（1）供方评价。由深圳市百事得导游服务有限公司质检部、操作中心、营销中心和培训部分别针对相关指标对 1582 名导游进行评价，其中专兼职导游均在评价之列。

（2）顾客评价。为了更客观地理解游客对每位导游人员服务质量的感知状况，自 2014 年 1 月 1 日至 2015 年 1 月 1 日深圳市百事得导游服务有限公司将问卷发放于每位导游人员接待的每位游客，采取跟踪调查填写问卷的方式进行。本次调查共发出问卷 729640 份，回收有效问卷 729419 份，调查对象年龄跨度为 10 ～ 73 岁，收入水平跨度为 0 ～ 10 万

元以上（每月），职业涉及学生、军人、职场人士、自由职业者、国家及企事业在编人员、退休人员、无业人员，学历水平高中以下、高中、大专、本科、硕士研究生、博士及以上。实地调查采取由被调查者自行填写，置信度高达99%。其中对应各类导游的问卷情况见表4-2。

表4-2　顾客对各类导游人员的服务质量问卷调查情况

所评价的导游类型	参评导游人数	发放问卷	收回问卷	有效问卷
境外领队	312	45840	45839	45836
全程陪同导游	350	320000	319998	319996
地方陪同导游	360	363600	363600	363587

从中随机抽取15名导游人员一年内所服务的所有游客的问卷。其中问卷情况见表4-3。

表4-3　有关15名导游的顾客评价问卷情况

调查对象	问卷发放	问卷收回	有效问卷
D1	1760	1755	1751
D2	2121	2118	2118
D3	1246	1243	1243
D4	1126	1126	1123
D5	850	848	845
D6	1152	1150	1147
D7	880	875	872
D8	1101	1100	1097
D9	1552	1547	1545
D10	428	423	420
D11	275	271	265
D12	565	563	557
D13	788	785	776
D14	1543	1540	1531
D15	1257	1252	1250

（3）第三方评价。本文的第三评价由深圳市旅游协会委托专家完成，其中有 6 名专家参与评价。

3. 模型赋值的计算

因为被评估的不同指标在评价者中的重要程度是不一样的，所以根据对评价者的整体服务贡献程度不同，应该分析各个指标的不同重要性，确定每一个具体指标的权数，从而组成评价因素的权重集合，则值域的范围为，全部权数值的和为 1。权重集的确定可以采用对游客进行抽样调查，或者通过旅游部门、院校及研究单位的有关专家进行打分的方法来确定。对于一次具体的导游服务质量评价，用相应调查数据或问卷让评价方评价。对应的三方评价指标的权重见表4-4～表4-6。

表4-4　导游服务质量的供方评价指标权重

一级维度	二级评价指标	权重
管理者认知	评价供方期望与顾客感知间的差异	0.2
管理者准则	评价供方期望的感知管理与服务质量规格间的差异	0.2
服务传递	评价服务质量规格与实际服务传递间的差异	0.2
内部沟通	评价实际服务传递与外部顾客沟通间的差异	0.2
服务质量	评价供方期望的服务质量与感知的服务质量间的差异	0.2

表 4-5　顾客感知的导游服务质量指标权重

一级维度		二级指标	权重	一级维度		二级指标	权重
有形性	T1	第一印象	0.06	保证性	A1	导购服务	0.06
	T2	工作精力	0.05		A2	餐饮服务	0.06
	T3	表达能力	0.07		A3	处理突发事件能力	0.06
	T4	服务态度	0.05		A4	诚信度	0.03
	T5	服饰	0.004		A5	吃苦耐劳度	0.03
	T6	行为举止	0.05		A6	语言流畅	0.02
可靠性	RL1	工作准时	0.01	移情性	E1	尊重游客	0.05
	RL2	行程介绍	0.02		E2	营造气氛	0.04
	RL3	执行接待计划	0.02		E3	热情待客	0.03
	RL4	介绍旅游目的地概况	0.05		E4	礼貌待客	0.03
	RL5	介绍旅游目的地风俗习惯	0.02		E5	主动沟通	0.04
	RL6	购物场所选择	0.01		E6	主动帮助旅游者	0.04
响应性	RS1	讲解能力	0.07		E7	满足旅游者合理要求	0.04
	RS2	协调能力	0.07				
	RS3	安全注意事项介绍	0.01				
	RS4	天气介绍	0.01				

表 4-6　导游服务质量第三方评价指标权重

一级维度	二级指标	权重（总和为 1）
服务过程评价	协调能力	0.08
	表达能力	0.08
	应急能力	0.08
	及时度	0.08
	热情度	0.08
	专业度	0.08
服务结果的评价	满意度	0.13
	可信度	0.13
服务准备评价	经验水平	0.13
	建议水平	0.13

问卷调查统计完成后，在评价者打分的基础上对问卷进行统计分析，可以先计算出评价者每一单项的期望值和满意度的平均得分。

先计算某一单项评价者的期望分值，公式为

$$E_j = \frac{\sum E_j}{n} \tag{4-1}$$

再计算某一单项项评价者的感受方面的分值，公式为

$$P_j = \frac{\sum P_j}{n} \tag{4-2}$$

式中，n——回收的评价者评价表数；

E_i——第 i 张表的评价者期望评价分数；

P_i——第 i 张表的评价者满意度评价分数。

把每一单项的平均得分乘以该项指标的权数，分别加总后计算出评价者对于导游服务期望值和满意度的评价总分。

总体的评价者期望分值，计算公式为

$$E = \sum a_j E_j \tag{4-3}$$

总体的评价者满意分值，计算公式为

$$P = \sum a_j P_j \tag{4-4}$$

三方评价的期望及满意分值计算结果分别见表4-7～表4-9。

表 4-7　导游服务质量的供方评价期望值及满意值[79]

评价对象	一级维度 二级维度	管理者认知 评价供方期望与顾客感知间的差异	管理者准则 评价供方期望的感知管理与服务质量规格间的差异	服务传递 评价服务质量规格与实际服务传递间的差异	内部沟通 评价实际服务传递与外部顾客沟通间的差异	服务质量 评价供方期望的服务质量与感知的服务质量间的差异
	预期分数（E）	3.50	4.14	4.11	3.85	3.75
D1	感知分数（P）	4.11	3.48	3.22	4.73	4.63
D2	感知分数（P）	3.10	3.82	4.29	4.57	4.44
D3	感知分数（P）	4.49	3.63	4.53	3.68	3.25
D4	感知分数（P）	3.89	4.62	4.61	3.84	4.52
D5	感知分数（P）	3.72	3.35	3.28	3.07	4.33
D6	感知分数（P）	4.66	3.01	4.00	3.90	4.60
D7	感知分数（P）	3.59	3.80	3.70	4.016	4.25
D8	感知分数（P）	3.96	3.56	4.12	4.77	4.41
D9	感知分数（P）	3.12	4.55	4.22	4.06	4.13
D10	感知分数（P）	3.53	4.20	4.43	4.20	3.71
D11	感知分数（P）	4.48	4.03	3.59	4.40	4.48
D12	感知分数（P）	4.75	3.43	3.72	4.42	3.13
D13	感知分数（P）	4.21	4.03	4.38	4.75	3.24
D14	感知分数（P）	4.08	4.30	4.11	3.78	4.36
D15	感知分数（P）	4.45	4.55	3.88	3.91	3.57

表 4-8　顾客感知的导游服务质量指标期望值及满意值

评价对象	一级维度 二级指标	有形性					
		T1 第一印象	T2 精力充沛	T3 幽默（表达）能力	T4 服务态度	T5 服饰整洁得体	T6 举止大方
D1	预期分数（E）	3.00	3.57	4.08	3.02	3.23	4.76
	感知分数（P）	4.12	4.58	3.27	3.19	3.35	3.33
D2	预期分数（E）	3.28	3.80	3.22	3.15	4.34	4.15
	感知分数（P）	3.98	3.61	4.14	3.86	3.53	4.20
D3	预期分数（E）	4.48	4.24	3.34	4.12	3.63	3.02
	感知分数（P）	3.42	4.28	3.39	4.29	4.48	4.03

续表

评价对象	一级维度	有形性					
	二级指标	T1 第一印象	T2 精力充沛	T3 幽默（表达）能力	T4 服务态度	T5 服饰整洁得体	T6 举止大方
D4	预期分数（E）	3.16	3.72	3.63	4.76	3.02	3.40
	感知分数（P）	4.88	3.89	4.04	4.65	3.20	4.02
D5	预期分数（E）	4.78	3.61	4.17	4.27	3.89	3.12
	感知分数（P）	3.78	2.37	2.55	3.02	3.91	3.09
D6	预期分数（E）	3.28	4.13	3.67	3.77	3.99	3.62
	感知分数（P）	4.88	3.89	3.04	2.65	2.19	3.02
D7	预期分数（E）	3	3.07	4.58	3.43	4.37	4.56
	感知分数（P）	4.66	3.43	4.25	3.99	4.75	4.43
D8	预期分数（E）	4.16	4.18	3.34	3.78	4.11	3.48
	感知分数（P）	4.66	3.43	4.25	3.99	4.75	3.43
D9	预期分数（E）	4.57	4.16	4.33	4.60	3.11	3.82
	感知分数（P）	3.39	4.24	3.97	4.74	4.21	4.03
D10	预期分数（E）	3.21	3.85	3.34	3.20	4.49	3.63
	感知分数（P）	4.55	4.53	4.49	4.19	4.08	4.30
D11	预期分数（E）	3.20	3.28	3.76	4.67	3.88	4.62
	感知分数（P）	4.57	3.93	4.40	4.28	3.72	3.35
D12	预期分数（E）	3.30	4.72	3.97	3.16	4.66	3.01
	感知分数（P）	2.04	2.25	3.84	4.88	4.08	3.26
D13	预期分数（E）	4.04	3.50	3.45	4.59	3.60	3.80
	感知分数（P）	3.00	4.26	3.77	3.70	3.43	4.49
D14	预期分数（E）	4.41	3.44	3.49	3.03	3.96	3.56
	感知分数（P）	3.44	3.40	4.75	3.01	3.30	3.45
D15	预期分数（E）	3.76	4.06	4.69	4.38	3.12	3.55
	感知分数（P）	3.44	3.40	4.75	3.01	3.30	3.45
评价对象	一级维度	可靠性					
	二级指标	RL1 工作准时	RL2 行程介绍	RL3 执行接待计划	RL4 介绍旅游目的地知识	RL5 介绍旅游目的地风俗	RL6 购物商店选择
D1	预期分数（E）	3.63	3.52	4.24	4.02	4.32	3.65
	感知分数（P）	4.24	3.16	3.79	3.50	4.37	3.375
D2	预期分数（E）	4.23	4.03	4.02	3.59	3.77	3.405
	感知分数（P）	4.43	4.20	3.71	3.79	4.01	3.20

续表

评价对象	二级指标	可靠性					
	一级维度	RL1	RL2	RL3	RL4	RL5	RL6
		工作准时	行程介绍	执行接待计划	介绍旅游目的地知识	介绍旅游目的地风俗	购物商店选择
D3	预期分数（E）	4.41	4.62	3.35	4.23	3.94	4.53
	感知分数（P）	3.59	4.40	4.48	3.62	3.12	3.03
D4	预期分数（E）	3.96	4.42	4.74	4.62	4.05	4.40
	感知分数（P）	4.55	3.79	3.35	3.03	4.66	3.57
D5	预期分数（E）	3.95	4.26	4.45	3.35	3.33	4.06
	感知分数（P）	4.58	2.56	4.17	2.56	3.25	4.30
D6	预期分数（E）	3.28	3.22	4.69	3.98	3.18	4.39
	感知分数（P）	4.55	4.39	3.35	4.03	4.66	3.57
D7	预期分数（E）	3.01	3.39	4.32	3.36	4.12	4.30
	感知分数（P）	3.72	4.42	3.13	3.62	4.00	4.91
D8	预期分数（E）	3.22	4.73	4.63	3.72	3.92	4.57
	感知分数（P）	3.72	4.42	3.13	3.62	4.50	3.91
D9	预期分数（E）	4.29	4.57	4.44	4.60	3.31	3.71
	感知分数（P）	4.38	4.75	3.24	3.01	3.61	3.40
D10	预期分数（E）	4.53	3.68	3.25	4.73	3.96	3.98
	感知分数（P）	4.11	3.78	4.36	3.16	3.00	3.99
D11	预期分数（E）	4.61	3.84	4.52	3.37	4.67	4.32
	感知分数（P）	3.28	3.07	4.33	3.64	3.48	4.26
D12	预期分数（E）	4.00	3.90	4.60	4.70	3.29	3.56
	感知分数（P）	2.70	3.27	4.62	2.32	4.74	4.10
D13	预期分数（E）	3.70	3.02	4.25	3.86	4.40	4.14
	感知分数（P）	3.47	4.54	4.61	3.54	4.26	4.70
D14	预期分数（E）	4.12	4.76	4.41	3.17	3.86	4.14
	感知分数（P）	3.09	3.91	3.14	3.46	4.64	3.59
D15	预期分数（E）	4.22	4.05	4.13	4.36	4.50	4.67
	感知分数（P）	3.09	3.914	3.14	3.47	4.64	3.59

评价对象	二级指标	响应性				保证性	
	一级维度	RS1	RS2	RS3	RS4	A1	A2
		讲解能力（知识丰富可以回答游客提出的问题）	协调能力（与景区/购物场所等的协调）	介绍安全注意事项	介绍天气	导购服务	餐饮服务
D1	预期分数（E）	3.65	3.76	3.07	4.79	4.23	4.29
	感知分数（P）	3.72	4.41	4.68	2.16	4.81	2.14

续表

评价对象	一级维度 二级指标	响应性				保证性	
		RS1 讲解能力（知识丰富可以回答游客提出的问题）	RS2 协调能力（与景区/购物场所等的协调）	RS3 介绍安全注意事项	RS4 介绍天气	A1 导购服务	A2 餐饮服务
D2	预期分数（E）	4.02	3.32	4.58	4.05	4.59	3.87
	感知分数（P）	3.71	3.64	4.72	4.23	3.36	3.95
D3	预期分数（E）	3.25	4.66	3.16	4.27	4.77	3.06
	感知分数（P）	4.01	3.11	3.09	3.54	4.11	3.15
D4	预期分数（E）	3.52	4.18	3.11	3.19	3.56	3.80
	感知分数（P）	4.02	3.30	2.91	2.90	3.96	3.68
D5	预期分数（E）	3.88	3.19	3.82	4.54	4.24	4.37
	感知分数（P）	3.58	2.74	2.80	4.77	3.86	2.63
D6	预期分数（E）	4.25	3.91	3.81	3.89	3.55	3.72
	感知分数（P）	4.02	3.30	2.91	2.90	3.96	3.68
D7	预期分数（E）	4.53	3.81	3.15	3.22	3.56	3.75
	感知分数（P）	4.27	3.93	3.95	3.01	4.14	3.02
D8	预期分数（E）	3.05	4.09	3.71	3.81	4.68	4.77
	感知分数（P）	4.37	3.83	3.96	3.01	4.74	3.02
D9	预期分数（E）	3.25	3.69	3.48	4.60	3.17	4.16
	感知分数（P）	4.67	4.36	4.47	3.95	4.51	4.16
D10	预期分数（E）	4.24	3.32	3.92	4.17	3.37	3.69
	感知分数（P）	4.73	4.22	3.36	4.33	4.37	3.76
D11	预期分数（E）	3.98	3.56	4.45	4.06	4.11	3.31
	感知分数（P）	3.68	3.24	3.84	3.33	3.17	4.64
D12	预期分数（E）	3.82	3.38	3.69	3.76	3.12	3.78
	感知分数（P）	2.26	4.60	2.05	4.26	3.40	4.11
D13	预期分数（E）	4.06	3.45	4.47	3.88	4.61	4.50
	感知分数（P）	3.47	3.89	4.11	4.53	3.27	3.80
D14	预期分数（E）	3.33	3.26	4.64	3.02	4.66	4.24
	感知分数（P）	3.70	4.28	3.29	4.78	4.20	4.06
D15	预期分数（E）	4.18	3.74	3.10	3.89	3.75	4.18
	感知分数（P）	3.70	4.28	3.29	4.78	4.20	4.06

续表

评价对象	一级维度	保证性				移情性	
		A3	A4	A5	A6	E1	E2
	二级指标	处理事情（遇突发事件等）	诚实可信	吃苦耐劳	语言流畅	尊重游客	营造气氛（能创造友好的氛围）
D1	预期分数(E)	4.42	3.46	3.44	3.61	3.10	4.12
	感知分数(P)	3.56	4.41	2.58	3.24	4.73	3.81
D2	预期分数(E)	4.32	3.37	4.68	3.84	3.95	3.40
	感知分数(P)	3.68	4.48	4.59	3.68	3.70	3.35
D3	预期分数(E)	3.24	3.45	3.94	3.30	3.62	4.15
	感知分数(P)	3.20	3.37	4.73	3.81	4.05	3.05
D4	预期分数(E)	3.59	4.14	3.37	4.62	4.62	4.15
	感知分数(P)	4.70	4.68	4.12	4.53	4.79	4.44
D5	预期分数(E)	4.56	4.33	4.62	3.83	4.01	4.23
	感知分数(P)	4.04	3.58	4.43	4.73	4.53	3.27
D6	预期分数(E)	3.77	4.19	4.42	3.27	4.74	3.91
	感知分数(P)	4.70	3.68	4.12	4.53	4.80	4.44
D7	预期分数(E)	4.75	4.18	3.19	3.73	4.56	3.55
	感知分数(P)	3.76	3.88	3.06	3.76	4.70	3.30
D8	预期分数(E)	4.53	3.65	3.05	4.72	3.94	3.35
	感知分数(P)	3.76	3.88	4.16	3.76	4.70	4.30
D9	预期分数(E)	4.06	4.29	4.53	4.75	4.58	3.03
	感知分数(P)	4.34	4.67	4.41	3.18	4.70	4.39
D10	预期分数(E)	4.64	3.40	3.93	3.89	3.34	3.97
	感知分数(P)	3.23	3.97	3.96	3.53	3.71	3.84
D11	预期分数(E)	4.67	4.06	4.42	4.74	4.11	3.24
	感知分数(P)	4.06	3.94	4.13	4.50	3.58	4.65
D12	预期分数(E)	4.70	3.32	3.48	4.31	3.91	3.31
	感知分数(P)	3.62	4.85	3.95	2.36	3.52	3.14
D13	预期分数(E)	4.66	4.15	4.67	4.64	4.28	3.50
	感知分数(P)	3.17	3.82	4.73	4.47	3.06	4.74
D14	预期分数(E)	3.31	3.10	3.99	3.29	3.74	4.59
	感知分数(P)	4.40	3.83	4.39	4.66	4.06	4.44
D15	预期分数(E)	3.84	4.00	3.66	3.67	3.30	3.44
	感知分数(P)	4.40	3.83	4.39	4.66	4.06	4.44

续表

评价对象	一级维度	移情性				
	二级指标	E3	E4	E5	E6	E7
		热情待客	礼貌待客	善于和旅游者沟通	主动帮助旅游者	满足旅游者合理的要求
D1	预期分数(E)	4.27	4.6	3.67	3.27	4.63
	感知分数(P)	2.47	3.4	4.67	2.96	4.37
D2	预期分数(E)	4.58	3.85	3.84	3.96	3.24
	感知分数(P)	3.88	3.37	3.35	3.94	4.7
D3	预期分数(E)	3.21	3.59	3.18	4.02	3.76
	感知分数(P)	3.43	3.55	3.82	3.73	3.91
D4	预期分数(E)	4.29	3.77	3.3	3.7	4.21
	感知分数(P)	2.74	4.31	3.11	4.3	4.84
D5	预期分数(E)	4.49	3.53	3.69	3.56	3.07
	感知分数(P)	4.86	2.27	3.42	3.85	2.22
D6	预期分数(E)	4.24	3.33	3.23	3.93	4.31
	感知分数(P)	2.74	4.31	3.11	4.3	4.84
D7	预期分数(E)	3.24	3.98	3.6	3.27	3.77
	感知分数(P)	3.39	4.07	4.03	4.23	3.42
D8	预期分数(E)	3.8	3.69	4.77	3.86	3.13
	感知分数(P)	3.39	4.07	4.43	4.23	3.42
D9	预期分数(E)	4.64	3.93	4.61	3.67	3.45
	感知分数(P)	3.22	4.75	4.52	4.6	3.56
D10	预期分数(E)	4.55	3.82	4.76	4.56	3.01
	感知分数(P)	4.42	3.88	4.1	3.41	3.64
D11	预期分数(E)	4.16	3.5	3.86	4.55	3.99
	感知分数(P)	4.25	3.67	4.05	4.4	4.7
D12	预期分数(E)	4.79	3.79	3.79	4.25	4.16
	感知分数(P)	2.01	4.35	4.83	4.4	3.93
D13	预期分数(E)	3.6	4.11	4.72	3.66	3.67
	感知分数(P)	4.17	3.85	3.52	3.25	3.04
D14	预期分数(E)	3.69	3.35	4.49	3.73	4.38
	感知分数(P)	4.62	4.66	4.73	3.45	4.71
D15	预期分数(E)	3.44	4.71	3.73	4.47	3.26
	感知分数(P)	4.62	4.66	4.73	3.45	4.71

表 4-9　导游服务质量第三方评价指标期望值及满意值

评价对象	一级维度	服务过程评价				
	二级维度	协调能力	表达能力	应急能力	及时度	热情度
	预期分数（E）	3.74	4.09	3.93	3.5	3.6
D1	感知分数（P）	4.52	3.39	4.17	3.96	2.93
D2	感知分数（P）	4.45	3.34	3.54	3.95	3.98
D3	感知分数（P）	3.69	3.63	3.97	3.25	3.93
D4	感知分数（P）	4.42	4.69	3.02	4.89	4.34
D5	感知分数（P）	3.27	3.89	3.38	3.05	3.26
D6	感知分数（P）	3.67	3.69	3.77	4.39	4.31
D7	感知分数（P）	4.6	3.58	3.56	3.62	3.27
D8	感知分数（P）	3.09	4.17	4.12	4.12	3.92
D9	感知分数（P）	3.67	4.02	3.58	4	3.74
D10	感知分数（P）	4.06	3.94	3.17	3.35	3.7
D11	感知分数（P）	4.38	3.78	3.71	3.92	3.93
D12	感知分数（P）	3.45	4.01	2.69	2.98	4.37
D13	感知分数（P）	4.26	3.65	3.54	3.78	4
D14	感知分数（P）	4.04	2.51	3.62	4.57	3.95
D15	感知分数（P）	3.69	4.04	3.53	3.76	3.64

评价对象	一级维度	服务过程评价	服务结果的评价		服务准备评价	
	二级维度	专业度	满意度	可信度	经验水平	建议水平
	预期分数（E）	3.89	4.09	3.65	3.64	3.66
D1	感知分数（P）	3.5	2.96	4.08	4.41	4.04
D2	感知分数（P）	4.56	4.05	3.61	3.68	3.63
D3	感知分数（P）	3.94	4.12	3.77	3.8	3.68
D4	感知分数（P）	4.55	3.92	4.83	3.29	4.47
D5	感知分数（P）	3.66	3.65	3.17	3.55	4.38
D6	感知分数（P）	4.04	3.97	3.7	3.45	3.42
D7	感知分数（P）	3.72	4.04	3.84	3.78	3.68
D8	感知分数（P）	3.45	3.02	3.85	4.22	3.96
D9	感知分数（P）	4.49	3.92	3.94	3.5	3.59
D10	感知分数（P）	3.85	4.08	4.58	3.71	3.78
D11	感知分数（P）	4.58	3.82	3.46	4.32	4.29
D12	感知分数（P）	3.2	4.19	4.38	3.96	4.42
D13	感知分数（P）	3.77	3.71	3.65	3.88	3.64
D14	感知分数（P）	4.27	3.41	4.29	3.62	3.68
D15	感知分数（P）	3.68	3.65	4.23	3.52	4.13

最后，计算出导游服务质量的加权平均分值：

$$SW= \sum a_j \frac{\sum (P_j-E_j)}{n} \quad （4-5）$$

加权平均后得到的 SERVQAL 指数，可用此指数表明三方对于导游服务质量的总体评价。15 名导游对应的 SERVQAL 指数见表 4-10。

表 4-10　三方评价的导游服务质量指数

评价方＼评价对象	D1	D2	D3	D4	D5
供方评价 SQ	0.17	0.18	0.56	0.74	−0.32
顾客评价 SQ	−0.17	0.04	−0.11	0.15	−0.68
第三方评价 SQ	0.03	0.08	0.01	0.45	−0.22
	D6	D7	D8	D9	D10
供方评价 SQ	0.16	0.01	0.29	0.05	0.14
顾客评价 SQ	0.01	0.1	0.05	0.13	0.22
第三方评价 SQ	0.03	0	0.01	0.15	0.08
	D11	D12	D13	D14	D15
供方评价 SQ	0.33	0.02	0.25	0.26	0.2
顾客评价 SQ	0.02	−0.36	−0.3	0.28	0.07
第三方评价 SQ	0.24	0.07	0. 00	0.01	0.03

4. 结果统计与分析

（1）结果统计

通过表 4-10 的 SERVQAL 指数，我们可以直观地体现游客实际感受的导游服务与游客期望之间的差距。如果 SERVQAL 指数为正数，表明该导游人员提供的服务为评价者（游客）提供了附加利益（超出评价者的预期）；若 SERVQAL 指数为负数，则表明导游人员服务质量未能达到评价者的预期（或未达到评价者所要求的标准），有待进一步提高改进。在长期评价过程中，如果SERVQAL指数数值不断增加，就可以由各项得分分析是哪些服务指标项得到改进；相反，则是由于某些指标得分降低的项目所致。管理部门通过再细化到某一标准下对应的调查项目，可以发现问题的根源。

另外，通过对每一单项服务因素的评分统计，可以列出统计评分表，对于导游服务质量进行直观的观察评价，以及导游人员哪些方面感到满意或哪些方面不太满意。还可以通过统计不同属性的评价方（如评价部门、游客职业、评价方、年龄、教育程度、旅游动机等因素）的数量比例及其期望值与满意度的情况，来分析不同类型评价者对于导游服务质量的不同要求。这也有助于管理人员和导游发现服务存在的问题，可以有针对性地进行培训学习，并进行服务质量的改进。通过了解评价方对于导游服务质量各个方面的评价，即可利用象限分析的方法进行综合分析，从而明确今后导游服务质量改善的重点和管理策略。

还可以建立三维坐标系，把顾客感知导游服务质量决定因子的SERVQAL指数作为横轴（X轴），以供方对导游服务质量各个因子的SERVQAL指数作为纵轴（Y轴），以专家组组成的第三方导游服务质量决定因子的SERVQAL指数作为横轴（ Z 轴）， $P(x, y, z)$ 表示服务因子的评价。在坐标图中，将坐标空间切割成 8 个象限（依几何空间象限命名分别称为第 $1 \sim 8$ 象限），构成如图 4-3 所示的坐标图。

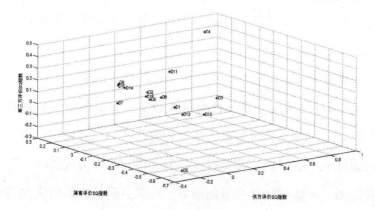

图 4-3　服务质量象限分析描述

根据统计结果，把各个导游三方评价的结果在坐标空间进行描点表示：

如果该点落于第 1 象限（+，+，+），属于主要优势项目，表示无论是供方、顾客还是专家对该导游都有较高的评价，评价方对这些服务质量因子感到满意。综合表现为该导游业务素质优秀、服务质量高，从图 4-3 中可看出：

如果该点落于第 2（-，+，+）、第 4（+、-，+）、第 5（+，+，-）象限，就属于次要优势服务，表示某一方的服务质量因子相对于期望程度较高，但实际感知低，但总体服务质量仍然维持满意。对于导游人员而言，是属于具有较高业务素质的人员，对于该区域的服务项目导游人员也不能够掉以轻心，因为如果某一方其并未完全发挥出自己具备的素质，也未表现出自己的服务质量水平，如果由于期望低而不注意改进，则有可能导致其他评价方下滑，使服务质量逐渐向较差的象限滑落。

如果该点落于第 3（-，-，+）、第 6（-，+，-）第 8（+，-，-）象限，属于次要挑战服务，表示导游人员对此导游人员的服务评价较低，属于相对的低感知，说明评价方对该区域中的导游持怀疑态度，另外还表明导游人员缺乏服务能力，不能够提供有效的服务。在服务质量改善的优先顺序上，对比第 7 象限的服务质量因子优先顺序较低，但已经表现出不合格和不达标，必须进行一定程度的改进。

如果该点落于第 7（-，-，+）象限，属于主要挑战服务。这就表示没有评价方对该导游人员表示满意。此时管理者应该将注意力集中于此区域的导游人员，这些从业人员是重点加强改善服务质量的对象。

我们通过以上各象限的服务质量指数点的分布图，不仅可以看到导游服务质量在各个评价方感知中的优劣程度，而且可以发现为了更好满足评价方的需要，提高评价方的满意度，必须重点改善加强的方面。这样就可以使导游管理部门能更加有效地开展服务质量改进行动，通过改进服务质量存在的问题，有针对性地制定服务改进的策略和具体措施。分布图也有助于导游人员意识到自身服务工作过程中存在的优势和劣势，及时发现游客的需要，不断努力学习改善自身服务水平和技能。最后，通过运用服务因子象限分析，还可以动态地跟踪各个服务因子的变化轨迹，促进导游服务质量的不断持续改进和提高。

表 4-1 是发放给游客的问卷中服务质量调查部分，根据导游服务的实际情况对于评价指标和评价过程进行了合适的调整和简化，评价指标缩减为 20 项，评分采用 9 分制，1、3、5、7、9 分别表示很不满意（很不认同）、不太满意（不太认同）、一般、比较满意（比较认同）、很满意（很认同），其他则是介于两两之间的过渡情况。事实上，还可以设置一些开放性的问题，比如你对本次导游服务还有什么看法和改进的建议？通过游客的文字描述更加深入地了解游客对于某位导游人员的评价和看法。

（2）结果分析

在问卷调查完毕后，在游客打分的基础上对问卷进行统计分析，先计算出每一单项的游客期望值和满意度的平均得分。

计算某一单项游客的期望方面的分值，公式为

$$E_j = \frac{\sum E_i}{n} \qquad (4-6)$$

计算某一单项游客的感受方面的分值，公式为

$$P_j = \frac{\sum P_i}{n} \qquad (4\text{--}7)$$

式中，n——回收的游客评价表数；

E_i——第 i 张表的游客期望评价分数；

P_i——第 i 张表的游客满意度评价分数。

把每一单项的平均得分乘以该项指标的权数，分别加总后计算出游客对于导游服务期望值和满意度的评价总分。

计算总体的游客期望分值，公式为

$$E = \sum a_j E_j \qquad (4\text{--}8)$$

计算总体的游客满意分值，公式为

$$P = \sum a_j P_j \qquad (4\text{--}9)$$

最后，计算出导游服务质量的加权平均分值

$$SQ = \sum a_j \sum (P_j - E_j) \qquad (4\text{--}10)$$

加权平均后得到的 SERVQAL 指数，表明游客对于导游服务质量的总体评价，直观地体现出游客对导游服务的实际感受与游客期望之间的差距。如果 SERVQAL 指数为正数，说明该导游人员提供的服务为游客提供了附加利益，超过了游客的预期；如果 SERVQAL 指数为负数，说明导游服务质量没有达到游客的预期，有待于进一步改进。如果 SERVQAL 指数数值上升了，可以分析是哪些服务指标的得分有所提高；

反之，则是哪些指标的得分降低所致，再细化到某一标准下对应的调查项目，从而发现问题的根源。

第5章 服务质量、价格认知、顾客满意度和忠诚度间关系实证研究

随着中国旅行社数量的急剧增加，旅行社之间的竞争不断加剧。如何应对激烈的市场竞争，如何来培育旅行社自身竞争优势，是摆在旅行社面前急需解决的问题。而随着时下人们生活水平的逐步提高，旅行社服务质量的好坏已成为游客关注的焦点[80]。

作为影响旅行社质量的关键要素，导游服务人员的服务质量能很大程度上反映旅行社服务质量的好坏。当前的旅游市场混乱，服务质量的低下，使游客没能得到物质上、精神上的满足，相反花钱买罪受却成为大多数游客的共同心声。尤其是在每年的两个旅游黄金周之后，各种各样的旅游纠纷和投诉屡屡见诸报端，旅游投诉在数量上还在呈现上升趋势，其中关于导游的投诉在各种旅游投诉中比重最大[81]。由此

可见，旅行社提供服务质量最首要的任务就是积极提升导游人员整体服务质量，提高顾客满意度、增强其竞争力，塑造优质品牌。

从游客角度来看，由于在市场交易过程中存在着信息不对称，为了减小交易风险，往往会长期忠实于自己满意的某一企业品牌。所以，围绕顾客满意，进而打造顾客忠诚的战略是旅行社企业的优选[82]。根据研究，高满意度企业往往能够获得较佳的利益。因此，谁会争取顾客并赢得顾客满意及忠诚行为，谁就能在激烈的市场竞争中立于不败之地。作为典型的服务类企业，取得顾客满意和忠诚的关键则是提升企业服务质量，尤其是导游服务质量是重中之重。那么导游服务质量究竟从哪些方面影响顾客满意和顾客忠诚呢？这是本章实证研究的重点。

此外，在价格认知方面，过去的研究对于价格认知与顾客满意及忠诚度关系的探讨，仅限于实体产品产业，而在探讨服务业的顾客满意及忠诚度时，很少将价格认知作为一个重要的因素来研究。由于消费者维权意识的提高，消费者对于价格与价值之间的衡量已越发重视，因此，对产品价格的认知已然成为影响顾客满意度的重要指标之一。但在探讨导游服务时，几乎没有文献加入价格认知这个因素。基于此，本章亦将服务质量和价格认知纳入满意度研究模型中加以探讨，以期望为旅行社提高游客满意度并建立游客忠诚提供必要的帮助。

5.1 相关概念界定

5.1.1 服务质量

在进行服务质量研究综述之前，首先来了解一下有关理论界对于服务的内涵和服务的相关特征的研究。

关于服务的定义，不同的学者有不同的理解。Juran（1986）认为，服务是指为他人而完成的工作。Lovelock（2001）提出，"服务是一种过程，而非静态的内容。因此，必须以系统的观点来处理有关服务的创造、服务的传送，以及顾客与服务的关系等问题"。Kotier（2003）指出服务为一方能够向另一方提供的基本上无形的任何活动或利益，并且不导致任何所有权的产生。它的生产可能与某种有形产品联系在一起，也可能毫无关系。Zeithaml 和 Bitner（2004）对服务的定义为服务是行动、过程和表现。尽管各个学者对服务的定义不同，但其本质是相同的，即服务是无形的，目的是满足顾客的需求，而且服务的生产与顾客是联系在一起的[83]。

由以上的定义可知，服务是由某人或某一组织，为了满足他人的利益或需求而采取的一种活动或表现。而这活动是无形的且需要付出代价，有时可能需要搭配实体的商品才能显现活动之效果，有时可能不需要实体的商品就能完成[84]。

此外，Kotler（2003）也指出由于服务具备了一些特性，使得服务活动也不同于一般的经济活动。他综合其他学者的看法，将服务不同于实体产品的特性归纳为四大项，分别为无形性、不可分割性、异质性与易逝性[85]，说明如下：

1. 无形性（Intangibility）

无形性是指消费者无法在购买服务之前用感官感觉。因此，容易使顾客对质量的期望与感知产生距离，影响认知的质量[86]。因此，服务管理者如何由企业形象、品牌形象、口碑宣传来减少顾客购买与使用时的风险，便成为相当重要的课题之一。

2. 不可分割性（Inseparability）

不可分割性是指服务的生产与消费几乎同时存在而无法分割。因此，服务提供者和顾客之间的互动关系就变得密切且重要[87]。

3. 异质性（Heterogeneity）

异质性是指服务会随着供应者、时间、地点的不同而有所改变。因此，当服务对象众多的时候，服务质量的控制就更加困难。所以，如何加强员工的服务训练，使员工的服务变异降至最低，是服务业应努力的方向[88]。

4. 易逝性（Perishability）

易逝性是指服务的价值仅存于顾客出现时。由于服务无法像实体产品一样，可将产品储存起来供将来销售或使用，所以，如何维持服务的生产力，将是另一项重要的课题。

从以上的分析可知，因服务具有无形性，难以有客观的评价标准；因具有不可分割性，难以做事前控制；服务具有异质性，更难以标准化；因具有易逝性，服务的生产更难控制。所以与制造业相比，服务业要保持较高的服务质量水平，难度更大[89]。

由于服务具有无形性、不可分割性、异质性、易逝性的特点，所以很难加以定义[90]。也正因如此，尽管人们早在20世纪60年代就开始探讨服务质量的定义，但至今对服务质量都没有一个统一的确切定义。比较有代表性的观点见表5-1。

表5-1 服务质量定义

年份	作者	服务质量的概念
1972	lecitt	服务质量是指服务结构符合所设定的标准
1982	Gronroos	服务质量是由消费者事前期望的服务与接收服务后的感知比较得来的
1983	Levis&Booms	服务质量决定于所提供的服务是否满足消费者的服务
1984	Garvin	服务质量是一种主观感知的质量，而不是客观的[91]
1985	Parasuraman Zeitheml Berry	对服务好坏的评价可用服务质量来衡量，而评价服务质量最适当的方法就是对服务的期望，以节省服务后实际感受到服务成果的知觉，二者比较后所得：即服务质量 = 实际感受的服务质量 – 期望的服务质量[92]
1990	Bitner	服务符合消费需求的程度
1992	Cronin Tyalor	服务质量应由服务执行绩效来衡量，无须再与期望服务水准来比较，即服务质量 = 实际感受到的服务质量（感知服务质量）[93]
2001	Wakefield	服务质量是服务的期望与实际服务间的差异，服务质量同时影响提供服务的态度及地点[94]

上述各学者对服务质量的定义虽不相同，但基本上都认同它是顾客对服务的一种主观评价。综合上述各学者对服务质量的定义，本文对旅行社服务质量的理解是：服务质量是顾客的主观认知，是顾客在比较事前所期望的服务与实际接受到的服务之间的差距，而做出的评价[95]。

5.1.2　价格认知

价格在消费者购买决策中，往往占有极其重要的影响，许多购买决策，仍然是以价格为基础的。Jacoby 和 Olson（1977）把价格划分为客观价格与认知价格两大类。其中，客观价格是指买方交付给卖方的货币性价格，是产品的真正成交价格；而认知价格是指经过消费者编码后的价格，是顾客心理主观认为该产品或服务所索取的金额是否合理，并非指产品真正的货币性价格。

Biswas 和 Blair（1990）认为，价格认知就是顾客依据内部参考价格与外部参考价格而产生对产品或服务预购价格的认知。Monroe（1990）认为，买方的价格认知是买方从产品所取得的品质或效益上的认知，相对于付出价格所做的牺牲。DoddSctal（1991）认为，价格认知是消费者主观内部的象征，而客观价格是产品的客观外部特征，对消费者而言是一种外部性的刺激，会影响消费者的认知价格。

Kalyanaram 和 winer（1995）提出，认知价格是在比较厂商所提供实际价格与消费者内心参考价格后，所做出的评价。Voss 和 Grewal（1998）在研究消费者对服务的满意度时，认为消费者对价格的认知不完全是交易之前存在的，它也有一个在消费者确认市场价格和接受市场价格过程中逐渐形成的过程。王蓉莉（2001）认为，客观价格是产品的价格，而感知价格则是消费者对产品价格的主观心理感受。Maxwell（2003）认为，价格认知是消费者基于本身所拥有的评估准则，对价格的公平性进行评估。

而 Cooper（1969）认为，在同样的价格水平下，不同消费者所认知的价格并不会相同，即使是同一个消费者，可能也会因产品种类、购买情境、时间的不同而产生不同的价格认知。综合以上学者的研究文献内容，有关价格认知的各项构成并无一定标准。本研究比较认同 Monroe、Voss 和 Grewal 与 Maxwell 的看法，认为消费者对价格的认知是一个过程，是将其付出与其所得的品质或效益之间比较后所形成的一种主观心理感受。同时，价格除了和品质有关联外，价格本身是否具有合理性也影响消费者对价格的认知。因此，本章所探讨的价格认知是指顾客在购买旅行社产品后，对实际支付的货币价格感受，其中包括对价格本身是否具有合理性及对购买产品本身的质量等整体性的感受。

5.1.3　顾客满意度

顾客满意即 Customer Satisfaction（CS），自从 Dardozo 在 1965 年将顾客满意的概念引入营销领域以来，对这个概念的定义，理论界和学术界至今仍然缺乏一个整体的一致性共识。

Howard 和 Sheth（1969）指出，顾客满意度是对其购买付出与获得的报酬是否适当的一种认知状态[96]；Oliver（1981）认为，顾客满意度决定于顾客所预期的产品利益的实现程度，反映出预期与实际结果的一致性程度；Churchill 和 Suprenant（1982）则认为，顾客满意度是一种购买与使用的结果，是由购买者比较预期结果的报酬和投入成本所产生的[97]；Tse 和 Wilton（1988）认为，顾客满意度可视为顾客对于事前预期与认知绩效间知觉不一致的评估反应；Soloman（1991）则提出，顾客满意度是指个人对其购买的产品的整体态度；Anderson 和 Fornell（1994）从特定交易观点指出顾客满意度是顾客对某一特定购买场合或购后时点的购后评估；Strom 和 Iacobuci（1995）认为，满意 / 不满意是一项相对的判断，它同时考虑一位顾客经由购买所获得的质量和利益，以及为达成此次购买所负担的成本和努力[98]；Kotler（1997）总结归纳各学者的观点，将顾客满意定义为一个人所感觉的愉悦程度高低，是源自其对产品知觉绩效和个人对产品的期望，两者相比较后所形成的。也就是说，顾客满意是知觉绩效和期望的函数。顾客可以经历三种不同满意度中的一种，如果可感知效果低于期望，顾客就会不满意；如果可感知效果与期望所匹配，顾客就满意；如果可感知效果超过期望，顾客就会高度满意、高兴或欣喜。

以上学者观点可以概括为以下两种观点：

一种观点是从状态的角度来定义顾客满意，认为顾客满意是顾客对购买行为的事后感受，是消费经历所产生的一种结果，以 Howard 和 Sheth（1969）、Oliver（1952）等人为代表。

另一种观点是从过程的角度来定义顾客满意，认为顾客满意是事后对消费行为的评价[99]。例如 Tse 和 Wilton（1988），Anderson、Fornell 和 Lehman（1994），Kotler（1997）学者认为，在顾客满意的内涵中，评价过程是其核心组成部分。从过程角度对顾客满意的定义囊括了完整的消费经历，指明产生顾客满意的重要过程。这种定义方法引导人们去关注产生顾客满意的知觉、判断和心理过程，比从状态角度的定义更具实用价值[100]。同时也说明了顾客满意不是对某次交易的满意，而是顾客对以往消费经历的总体满意，即积累性满意。这种观点也更多地为其他研究人员所采用。

总之，无论是从状态角度还是从过程角度对顾客满意度进行定义，都说明它是一种积极的购后评价，既可以是对整个购买过程所做的评价，也可以是对购买结果所做的评价。

本书比较认同从过程角度对顾客满意度进行的定义。由于本研究的行业特点，旅行社的顾客就是游客，因此，以下称"游客满意"。本文从过程角度给游客满意下了定义，认为游客满意是游客在经历了一次完整的旅行经历后形成的一种购后整体评价。

5.2　研究对象

5.2.1　服务质量和价格认知关系研究

服务认知价格越高，顾客感知的服务质量也越高，也就是说付出越高的价格，所应得到的服务质量也应该越好，两者呈现正向关系（Dodds, Monroe, & Gerwal, 1991; Lichtenstein, Netemeyer, 1993; 李正文、陈煜霖, 2005）。

然而，李昭男（2002）认为，顾客对整体服务质量的评价越高时，顾客的认知价格越高。曾柔莺（1995）认为，一般多重属性评估过程中，产品品质与价格间的关系是双向的，有时候消费者拥有充分的品质讯息，据以推测产品的价格——由品质认知到价格认知。结合上述的文献，本研究比较认同李昭男对服务质量和价格认知之间关系的看法。

5.2.2　服务质量和顾客满意度关系研究

Gronin 和 Tayor（1992）的研究中，将 SERVQUAL 的方法用于不同的行业，结果发现服务质量的好坏是顾客满意的前提。

Zeithaml 和 Bitner（1996）认为，顾客满意度的范围比服务质量更广，产品质量、服务质量、价格、个人因素和情景因素皆会影响顾客满意度，因此认为感知服务质量只是影响顾客满意度的因素之一，如图 5-1 所示。

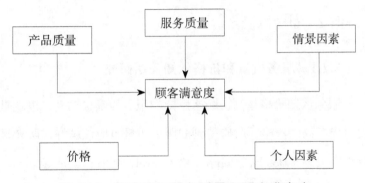

图 5-1　顾客感知服务质量和顾客满意度

Ruyter、Bloemer 与 Peeters（1997）结合满意度和服务质量，建立一个服务质量和满意度的整合模式，在其研究中发现服务质量是影响服务满意度最重要的因素。

5.2.3　价格认知与顾客满意度、忠诚度之间关系研究

在一些顾客满意度的研究中，价格认知因素为一个探讨的因素。例如，Voss etal（1998）在探讨饭店服务的满意度

研究中，指出由于服务的不确定性，会降低顾客对服务期望预测的正确性，因而促使消费者使用价格线索形成绩效期望，由价格支配满意之决定因素。Vaki 和 Colgate（2001）以美国及新西兰银行之顾客行为意图的研究，发现价格认知对于顾客行为意图及顾客满意度皆有正向的影响。Ranaweera 和 Neely（2003）在对电信服务业的研究中，探讨认知价格影响因素时，采用内心参考价格比较的定义，其研究结果显示认知价格对顾客忠诚度有直接影响。

5.2.4 顾客满意度和顾客忠诚之间的关系研究

Reichheld 与 Sasser（1990）认为，提高顾客满意度，可增加顾客未来的忠诚度进而再次提高消费意愿的方式。Zeithaml 与 Bitner（1996）认为，顾客满意度是忠诚度的前因变量，且会正向影响忠诚度。Fornell（1992）认为，顾客满意可使忠诚度增加，顾客不满意可使忠诚度下降和抱怨增加。Anderson 和 Sulivan（1993）针对顾客满意的前因和后果变项做研究，其结果指出顾客满意度会正向地影响顾客再购买行为，而顾客再购买行为是顾客忠诚度的一种表现行为。Jones 和 Sasser（1995）针对汽车、个人计算机、市内电话公司、航空公司和医院等行业，进行顾客满意度和顾客忠诚度关系的研究，研究发现顾客满意度对顾客忠诚度的影响，会因竞争环境、产业结构的不同而有所差异。若独占性越强，顾客忠诚度将越高。由此可见，顾客满意对顾客忠诚度的影响是不可忽视的。

通过以上介绍，可以发现，国内外学者对服务质量、顾客满意度及忠诚度的研究，尤其是对影响服务质量的因素研究有较多的成果，为研究旅游服务质量与顾客满意度提供了理论和操作基础。但是，也存在不足，特别是针对特定行业，如本章所要探讨的旅行社行业的研究和应用还存在一定的局限。

首先，虽然国内外学者对服务管理与营销的研究已日趋深入、细致和成熟，但现有关于服务的研究大都集中在餐饮、证券、银行等服务业，而对旅行社行业的研究明显偏少。

其次，国内旅行社包价旅游服务质量与顾客满意研究中，对服务质量因素的分析不够全面、系统，影响了跟团游客满意度的评价和提升对策方面的研究。而就某一服务质量维度，如可靠性、移情性等对游客满意度的贡献研究更少。

另外，由于不同的旅行社服务产品不同，使得各旅行社间收费标准失去了可比性，从而导致在对旅行社游客满意度影响因素的实证研究中，大多都是从服务质量的角度出发，而忽略了价格因素的重要性。相应地，从游客的角度来研究其对旅行社的价格是否满意的文章也就更为贫乏。

基于上述一些原因，本研究试图从顾客感知的角度，用实证方法来研究服务质量、价格认知与游客满意及忠诚度之间的关系，以望有助于旅行社改进其服务质量，提高顾客满意和自身的竞争力。

5.3　研究设计和方法

5.3.1　理论模型构建

根据前面研究目的和文献探讨中 Zeithamlt 和 Bituer（1996）的研究认为，除了服务质量外，价格也是影响顾客满意度的因素之一。Ranaweera 和 Neely（2003）在对电信服务业用户的研究中也指出，价格认知越好，顾客再购买意愿越高。在我国由于消费意识的抬头，消费者对于价格与价值之间的衡量已越发重视，使得对产品或服务价格的认知成为影响顾客满意度的衡量指标之一。故本研究认为，除了考虑服务质量之外，价格认知也是影响游客满意度及忠诚度的重要因素。本章将游客的价格认知列入研究架构中。根据上述文献探讨，结合旅行社的实际背景，建立了本研究的观念性架构，如图 5-2 所示。

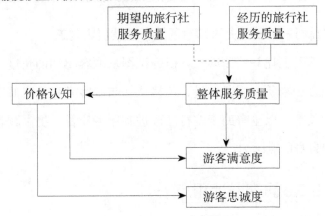

图 5-2　本书研究模型

1. 研究假设

根据研究内容与目的，结合以上文献综述内容，本章所需验证的研究假设有：

（1）各服务质量维度对游客整体满意度方面的影响

Gronin 和 Taylor、Bloemer 和 Peeters、沈向友等学者在实证研究中发现，服务质量是影响服务满意度最重要的因素。我们认为，在旅行社服务过程中，服务质量影响顾客对服务消费经历的满意度。因此，我们提出以下假设：

H1：旅行社服务质量对游客整体满意度有显著的正向影响。该假设在后面的分析中，通过如下 5 个子假设进行：

H1.1：旅行社的服务有形展示对游客满意度有显著的正影响关系。

H1.2：旅行社的承诺履行与可靠性对游客满意度有显著

的正影响关系。

Hl.3：旅行社的服务响应性对游客满意度有显著的正影响关系。

Hl.4：旅行社的服务保证性对游客满意度有显著的正影响关系。

Hl.5：旅行社的个性化关怀对游客满意度有显著的正影响关系。

（2）各服务质量维度对游客价格认知方面影响

李昭男（2002）在实证研究中证实了顾客对整体服务质量的评价越高时，顾客的认知价格越高。因此，我们提出以下假设：

H2：旅行社服务质量对游客价格认知有直接的正向影响。该假设在后面的分析中，通过如下5个子假设进行：

H2.1：旅行社的服务有形展示对游客价格认知有显著的正影响关系。

H2.2：旅行社的承诺履行与可靠性对游客价格认知有显著的正影响关系。

H2.3：旅行社的服务响应性对游客价格认知有显著的正影响关系。

H2.4：旅行社的服务保证性对游客价格认知有显著的正影响关系。

H2.5：旅行社的个性化关怀对游客价格认知有显著的正影响关系。

（3）价格认知与游客满意度与游客忠诚度方面的关系

Voss et al. 在探讨饭店服务的满意度研究中，认为价格是影响满意度的决定因素。Varki 和 Colgate 认为价格认知对于顾客行为意图及顾客满意度皆有正向的影响。另外，Ranaweera 和 Neely 在对电信服务业的研究中，发现认知价格对顾客忠诚度有直接影响。根据诸位学者的观点，本研究提出如下假设：

H3：旅行社的游客价格认知对游客满意度具有显著正向影响。

H4：旅行社的游客价格认知对游客忠诚度具有显著正向影响。

（4）游客满意度与游客忠诚度方面

Reichheld、Zeithaml、Suilivan 等学者皆认为顾客满意度与忠诚度存在一种正相关关系，提高顾客满意度，可增加顾客未来的忠诚度。国内学者汪纯孝和韩小芸对六类服务性企业的研究结果表明：顾客满意度是影响顾客忠诚度的一个重要的因素，不同行业的顾客满意度对顾客忠诚度的影响不同。故我们提出以下假设：

H5：旅行社的游客满意度对游客忠诚度具有显著正向影响。

2. 模型变量的内容和定义

（1）服务质量

根据上面的文献综述，服务质量是顾客的主观认知，并非客观地评估，是顾客在比较事前所期望的服务与实际接受到的服务之差距后来评价的。旅客感知的旅行社服务质量，是指旅游者从购买旅行社产品到旅游结束这一过程所体验到的旅行社提供的整套包价旅游线路服务质量。而对旅行社服务质量的构成要素，则主要以 PZB 提出的服务质量 5 个要素 29 个问项的研究成果为基本框架，针对旅行社行业服务内容和特性适当增减问项。同时借鉴相关文献研究，如沈向友（1999）、卢丽宁（2005）、魏蜻（2006）和国外学者 Angel Millan& Aguda Esteban（2004）对旅行社服务质量要素的研究，设计了旅行社服务质量要素指标体系。

（2）价格认知

本研究参考 Monroe、Voss 和 Grewal 与 Maxwell 的研究，将价格认知定义为顾客在购买旅行社产品后，对实际支付的货币价格感受，其中包括对价格本身是否具有合理性及对购买产品本身的质量等整体性的感受。

综合以上对价格认知的定义，本章以 Voss、Parasurama 和 Grewal（1998）的理论为基础来做问卷的衡量，并加以修改，见表 5–2。

表 5-2 价格认知衡量问项及来源

参考文献	衡量问项	衡量尺度
Voss， Parasurama 和 Grewal（1998）	在实际购买后，我觉得该旅行社的费用是合理的	李克特五点尺度
	在实际购买后，我觉得所获得的服务相对于所支付的费用是值得的	

（3）顾客满意度

根据 Kotler 关于顾客满意的观点，将其定义为顾客对服务的期望和服务感知效果之间相比较后形成的一种愉悦或失望的感觉状态。顾客满意度在本研究中是指游客在经历了一次完整的旅行经历后形成的一种购后评价。

在变量测量上，本研究参考汪纯孝等问卷，并加以修改，见表 5-3。

表 5-3 顾客满意度衡量问项及来源

参考文献	衡量问项	衡量尺度
Cronin，Brandy&Hult（2000），汪纯孝和韩小芸（2003）	游客觉得跟从该导游是幸运的	李克特五点尺度
	导游服务与我的期待相符	

（4）顾客忠诚度

顾客忠诚度是顾客个人态度和行为间关系的强度，包括消费者再购买或消费的意愿、价格的容忍度，以及向他人推荐和消费者交叉购买消费的意愿关系。本研究从可操作性角度出发，采用 Collier 和 Bienstock（2003）的问卷进行研究，以游客再购买意愿、向他人推荐意愿两个方面来衡量。

3. 问卷设计

（1）问卷设计过程

为了进行相关研究，查阅了大量的文献资料，进行了深入的文献研究。在参考国内外对服务质量和顾客服务调查问卷的基础上，结合自身出游经历的感受，初步设计了旅行社服务质量要素的具体指标和其他相关问项，并编制成预调查问卷，向游客小规模发放问卷100份。通过预调查，对问卷的内容、编排和用词中不恰当的地方进行探讨和修正，以尽可能确保问卷的客观性、科学性和有效性，尽可能全面反映出游客经历的旅行社服务。修改之后又进行一次预调查，实施情况见表5-4。对预调查数据进行分析信度、效度均通过，由此形成了本次调查的正式问卷，见附录。

表5-4　预调查实施情况统计

预调查问卷发放对象	人数
曾跟团出游的游客	100

（2）问卷内容

经过反复修正后的正式问卷（见附录）共分为以下几个部分的内容：

1）游客个人基本资料

游客个人基本资料包括性别、年龄、婚姻状况、职业、月收入、受教育程度，用来了解游客在人口统计上的特征（问卷第一部分）。

2）旅行社服务质量构成要素

本研究设计旅行社服务质量构成要素的基本框架来自PBZ 的 SERVQUAL 量表，结合旅行社的服务环境，设计出问卷中第二部分"旅行社服务质量"中具体题项（表示为 A1、A2……A29），使用 5 级 Likert 量表来测评。分别表示为非常同意、同意、中立、不同意和非常不同意，相应赋值为 5、4、3、2、1。

3）价格认知

使用 5 级 Likert 量表来测评。分别表示为非常同意、同意、中立、不同意和非常不同意，相应赋值为 5、4、3、2、1。

4）游客整体满意度

常用的与顾客满意度评价相关的量表有：Likert 量表、语言量表、语义差别量表、无级别量表、数字量表、序列量表和 SIMATLO 量表。由于 Likert 量表简单易懂，因此本文在测评中使用了 5 级 Likert 量表。直接用于测量顾客的满意程度的 5 级态度是：非常同意、同意、中立、不同意和非常不同意，相应赋值为 5、4、3、2、1。

5）游客忠诚度

使用 5 级 Likert 量表来测评。直接用于测量顾客忠诚度的 5 级态度是：肯定会、可能会、不确定、可能不会和一定不会，相应赋值为 5、4、3、2、1。

（3）调查对象和数据收集

本次调查的范围是深圳地区，对象是曾经包价跟随深圳中国国际旅行社出游的游客。调查从 2013 年 9 月 20 号开始到 2014 年 10 月 12 号结束。原先是通过导游带团时发给游客填写，但由于游客可能受到导游的左右，填写的问卷收回后发现填写不符合实际情况，因此课题组采用另一种方法分发问卷，即先通过旅行社获得曾经跟旅行社组团出游的企事业单位的联系方式和地址，然后根据抽样法选出一些单位亲自到办公地点进行分发，有些问卷是现场收回，有些则是留置过后收回。另一部分是在深圳景区通过随机拦截的方式，先通过询问方式确认其曾参加过旅行社包价游，再对其发放问卷。

5.3.2　数据统计与分析

本研究使用 SPSS13.0 统计软件作为分析工具，对回收的样本进行表述性分析、信度检验、因子分析、相关分析等统计分析。主要完成以下几个方面的统计分析：

1. 描述性统计分析

描述性统计分析是对统计结构和总体情况所进行的描述，包括频数分布分析、统计描述分析和平均数分析过程。从而了解样本在各变量和问项上的分布情形，说明样本资料的结构。本文对游客的一些个人信息进行统计分析，对游客的构成有一个较为全面的认识，为后续研究结果提供有力的支持。

2. 信度分析

克朗巴哈（Cronbach's）α 系数是目前最常使用的信度系数，α 系数越大，表示该量表的各个题项的相关性越大，即有较高的内在一致性。Guieford（1965）认为当 α 系数低于0.35者，属于低信度，即问卷不适用；α 系数介于 0.35～0.7者，则属于中信度，即问卷可以接受；当 α 系数大于0.7者，则属于高信度，即问卷设计佳。这种方式适用于态度、意见式问卷的信度分析。

本研究采用克朗巴哈 α 信度系数法，当超过克朗巴哈的 α 大于0.7为高信度，低于0.35为低信度，介于 0.35～0.7者，是可接受的。

3. 效度分析

效度是指测量工具或手段能够准确测出所需测量的事物的程度。效度分为三种类型：内容效度、准则效度和结构效度。有的学者认为，效度分析最理想的方法是利用因子分析测量量表或整个问卷的结构效度[101]。通过因子分析可以考察问卷是否能够测量出研究者设计问卷时假设的某种结构[102]。在因子分析的结果中，用于评价结构效度的主要指标有累计贡献率、共同度和因子负荷。累计贡献率反映公因子对量表或问卷的累积有效程度，共同度反映由公因子解释原变量的有效程度，因子负荷反映原变量与某个公因子的相关程度。本研究采用内容效度和结构效度来进行效度分析。

4. 因子分析

因子分析是一种降维、简化数据的技术。它通过研究众多变量之间的内部依赖关系，探求观测数据中的基本结构，并用少数几个"抽象"的变量来表示其基本的数据结构。这几个抽象的变量被称作"因子"，能反映众多变量的主要信息。原始变量是可观测的显在变量，而因子一般是不可观测的潜在变量。因子分析是一种通过显在变量测评潜在变量，通过具体指标测评抽象因子的统计分析方法。

在因子分析中，首先要进行 KMO 测度和 Bartlett 球体检验来确定数据是否适宜做因子分析。KMO 越接近 1，表明数据越适合做因子分析。一般认为在 0.90 以上，非常适合；0.80 ～ 0.90，很适合；0.70 ～ 0.8，适合；0.6 ～ 0.7，不太适合；0.5 ～ 0.6，很勉强；0.5 以下，不适宜做因子分析（马庆国，2002）。Bartlett 球体检验的目的在于确定所要求的数据是否取自多元正态分布的总体，若差异检验的 F 值显著，表示数据来自正态分布总体，可以做进一步分析。

5. 相关分析

相关分析主要是研究变量之间密切程度的一种统计方

法，相关系数是描述这种线性关系程度和方向的统计量，通常都是用系统默认的 Pearson 系数 r。当 r 值为 1 或 –1 时，称为完全线性相关；当 $-1 < r < 1$ 时，存在相关；当 $r > 0$ 时，称为正相关；当 $r < 0$ 时，称为负相关。

6. 回归分析

本研究同时用到多元回归分析与一元回归分析。多元回归分析是多个自变量的最优组合建立回归方程来预测因变量的相关联程度的分析。以游客整体满意度为因变量，以旅行社服务质量构成要素为自变量进行多元回归分析，以找出对游客整体满意度有决定性影响的服务质量要素，判断各因素的相对重要性。而采用一元回归分析来探讨游客整体服务质量与游客价格认知之间的关系。

5.4 数据分析与研究

5.4.1 样本特征

本研究正式调查共发放问卷 13298 份，回收问卷 13115 份，回收率为 98.6%。将不符合要求的问卷进行剔除，剔除问卷的标准主要有两个：一是剔除问卷填答不完整、漏填者，只要问卷第二部分中任何一个测量项目缺答，则将该问卷作为无效问卷剔除；二是检查填答者是否认真地填写问卷，若整个问卷选项得分之间没有显著区别（如服务质量测量的 29

个项目的打分完全一致），则将该问卷作为无效问卷剔除。剔除无效问卷后，得到有效问卷 12573 份，有效回收率为 94.5%。参照以前类似研究，该样本量尚可。

问卷填写者的基本信息汇总见表 5-5，由于本文在对问卷调查时，先询问是否在两年内参加过旅行社，只有曾参加过的才填写问卷，因此这些游客对旅行社的情况相对比较理解，也能够保证问卷填写质量。

表 5-5　样本描述汇总

基本信息	调查结果	人数	百分比（%）
性别	男	6430	51
	女	6143	49
年龄	20 岁以下	1354	11
	20 ～ 29 岁	3141	25
	30 ～ 39 岁	4427	35
	40 ～ 49 岁	1390	11
	50 ～ 59 岁	1290	10
	60 岁以上	971	8
婚姻状况	已婚	9994	79
	未婚	2569	20
职业	在职人员	3871	31
	离退休人员	1156	9
	学生	2235	18
	自由职业者	3724	30
	其他	1587	13
平均月收入	1000 元以下	989	8
	1001 ～ 2000 元	231	2
	2001 ～ 3000 元	1360	11
	3001 ～ 4000 元	2575	20
	4001 ～ 5000 元	4017	32
	5000 元以上	3401	27
教育程度	大专及大专以下	2235	18
	本科	4760	38
	硕士及以上	5578	44

从表 5-5 反映了本次调查对象的人口统计特征，分析如下：

1. 样本性别分析

有效样本 12573 份，男性样本 6430 份，占 51%，女性样本 6143 份，占 49%，男性略高于女性。可见，样本比例较为合适，男女比例基本相当，可以保证研究结果的客观性。

2. 样本年龄分析

从年龄分布来看，20 ~ 29 岁的占 25%，其次为 30 ~ 39 岁及 40 ~ 49 岁的人群，分别占 35% 和 11%，也就是说 20 ~ 49 岁的人群占样本总量的 71%，可见目前中青年市场是占据跟团出游的游客市场的主要部分。其中 20 岁以下的年轻人和 50 岁以上人群也占有一定的比例，分别为 11% 和 18%。

3. 样本婚姻状况分析

在有效样本 12573 份中，已婚样本 9994 份，占 79%，未婚样本 2569 份，约占 21%，未婚比例较低，说明被调查群体成家的占多数。

4. 样本职业分析

此次调查对象的职业划分并不严格要求，在职人员和自由职业者占 61%。这是符合我国目前情况的。由于中国采用新的假期制度后，"十一"黄金周成了工作人群选择长线出游的最佳时机。对于他们来说，可以出游的时间较为固定，再加上旅游高峰期，旅游供给会出现暂时的紧张，因而为了保障旅游活动的顺利进行，他们更倾向于选择旅行社来为他们安排旅游活动，所以工人群是大部分旅行社的主要顾客群之一，而且他们往往是家庭旅游消费的决策者。

5. 样本月收入分析

月收入在 1000 ~ 2000 元的只有 10%，而在 4000 元以上的高达 59%。这与"一旦一个家庭的收入水平超过这一临界点（能够支付基本生活必需品），该家庭外出旅游的可能性就会大大增加"相。可见，随着我国经济水平的不断发展，中国已经进入大众化旅游阶段，旅行社面临着巨大的市场规模。

6. 样本教育程度分析

从学历来看，本科及硕士以上最高，在有效样本中占82%。

5.4.2　信度与效度分析

1. 信度分析

信度是指衡量工具即问卷的可靠程度，其中包含稳定性及一致性。信度分析用于考察问卷测量的可靠性。应用最为普遍的信度衡量方法是 Cronbach's α 系数法，本章量表的信度同样用 Cronbach、5Alpha 系数法来衡量。本研究相关被测项目的 Cronbach，见表 5-6。

表 5-6　问卷各部分的 Cronbach's α 系数

	测量项数	Cronbach's α 系数
服务质量	29	0.907
价格认知	2	0.701
游客满意度	2	0.711
游客忠诚度	2	0.796

从表 5-6 中可以看出各变量的 α 值均大于 0.7，因此可以认为本研究问卷具有良好的可靠性。

2. 效度分析

效度是指衡量工具能够真正测量出研究者所要衡量目标的程度，即测量接近真实的程度。本研究的量表仅讨论内容效度和结构效度。

（1）内容效度

内容效度是指测量工具所能涵盖主题的程度，即内容的代表性。本研究的问卷内容主要是引用以往学者类似研究中具有良好信度与效度的量表，并根据旅行社的特殊服务环境加以修订，然后参考业内人士和专家的意见对其进行进一步调整，研究问卷初稿设计完成之后经过预调研及部分措辞上的修改，因此研究的问卷设计过程严谨，具有良好的内容效度。

（2）结构效度

对于本章问卷结构效度的检验应用 KMO 检验（Kaiser—Meyer—Olkin Measure Of Sampling Adequacy）以及巴特利特球体检验（Bartlett's）。

服务质量量表 KMO 检验和 Bartlett 球体检验结果见表 5-7。

表 5-7　服务质量的 KMO 和 Bartlett's 球体检验

Kaiser—Meyer—Olkin Measure of Sampling Adequacy		0.85
Bartletl's Test of Sphericity	Aprrox，Chi—Square	4519.117
	df	341
	Sig	0.000

从表 5-7 中可以看到，KMO 值为 0.850，介于 0.80 ~ 0.90 之间，说明该量表的数据很适合做因子分析。同时可知，表中 Bartlett 球体检验 F 值的 sig= 0.000，小于 0.01，球形假设被拒绝，同样表明服务质量五维度量表的数据来自正态分布，具有相关性，符合做因子分析的要求。

5.4.3　因子分析与相关分析

1. 因子分析

因子分析是考虑到多个变量之间可能存在相关性，利用因子分析可以提取出主要信息，然后使用提取出的公共因子代替原变量进行分析，可以避开原变量的共线性问题。因子分析是一种"降维"的方法，其作用是寻求各变量的基本结构，为以后的研究及分析做准备。本文因子分析的主要目的是，提取旅行社游客感知的服务质量因子，并探讨各因子对游客价格认知、游客满意度影响。

本部分采用主成分分析法对问卷服务质量项目做因子分析，因子的旋转方式利用正交旋转即方差最大旋转方式，并将特征值大于 1 作为提取因子的标准。

表 5-8 所示为总体方差解释表。通过对旅行社服务质量要素 29 个指标进行因子分析，得到特征根大于 1 的 5 个解释因子，共解释了总体方差 73.5% 的变异。这说明它们涵盖了原有测量指标所包含的大部分信息。旋转后的因子负载矩阵，在选择测量项目时，均以因子负荷值大小作为保留和删除该项的标准。当因子负荷值小于 0.3 时，因子对该变量的变异的解释度不到 10%，从使用的角度应删去（张文彤，2002，P.200）。本研究以 0.4 作为删除的临界值，如果所有因子负荷都高于 0.4，则没有要删除的项目。

表 5-8　导游服务质量因子总体方差解释

因子	提取因子的负载			旋转因子负载		
	特征值	解释方差百分比（%）	累计解释方差百分比（%）	特征值	解释方差百分比（%）	累计解释方差百分比（%）
1	8.1	31.3	31.3	5.9	23	23
2	4.6	18	49	4.7	18	41
3	2.6	10.2	59.9	3.5	13	54
4	2.1	8.3	68.2	2.9	11	65
5	1.3	5.3	73.5	2	8	73

5 个因子的结果与本研究的假设相符。下面分别对这 5 大因子命名如下：

F1 因子由"旅行社能与游客签订旅游合同，且合同权利和义务符合游客的利益""住宿档次符合合同约定的标准""旅途餐饮规格符合约定的标准"等 9 个具体指标构成，反映了旅行社履行合同约定内容的能力，因此命名为"承诺履行与可靠性"。

F2 因子由"导游与游客之间关系融洽，团队气氛好""导游对行程解说和需要注意的事项介绍清楚""导游对景点知识讲解生动有趣"等 5 个具体指标构成，反映了旅行社工作人员（接待人员、导游等）的服务态度和专业技能，因此命名为"服务保证性"。

F3 因子由"旅行社能根据游客要求安排购物行程次数多寡""导游能为旅游者购物提供指导和帮助"等 4 个指标构成，反映的是旅行社主动关怀游客并满足游客的个性化需求这方面内容，因此命名为"个性化关怀"。

F4 因子由"旅行社员工能及时准确解答游客所咨询的事项""办理报名手续准确迅速"等 4 个具体指标构成，反映旅行社工作效率和快速提供服务的能力，因此命名为"服务响应性"。

F5 因子由"旅行社员工始终保持衣着整齐干净""旅行

社环境舒适，具有一流的办公设施"等3个具体指标构成，反映的是旅行社服务提供的有形部分，这些可以为游客直观感觉到，因此命名为"服务有形展示"。

由上可知，本文所提取的因子与学者们所提出的服务业顾客满意度影响因子相一致，即PZB服务质量五维度理论在旅行社行业也是成立的。

2. 相关分析

相关分析是一种常见的用于研究变量之间不确定关系的统计方法。所谓不确定关系是指不能确定两个变量之间哪个是因，哪个是果。相关系数则是描述这种线性相关程度的统计量，通常采用Pearson相关分析法。

（1）服务质量与游客满意的相关分析

本部分检验服务质量与顾客满意是否有显著的相关关系，即对假设1进行验证。表5-9所示为服务质量的5个因子与游客满意相关分析结果。

表5-9　服务质量5个因子与游客满意相关分析结果

		服务有形展示	承诺履行与可靠性	服务保证性	个性化关怀	服务响应性
游客满意度	Pearson相关系数	0.424	0.549	0.475	0.515	0.355
	显著性检验（双尾）	0	0	0	0	0
	样本数	12573	12573	12573	12573	12573

Correlation is significant at 0.01 level （2–tailed）

　　从表 5-9 中可以看出，变量"游客满意度"与游客感知的"服务有形展示""承诺履行与可靠性""服务保证性""个性化关怀"及"服务响应性"的相关系数检验的 t 统计量的显著性概率均为 0.000，均小于 0.05，在 0.01 水平上拒绝零假设，认为被调查样本的游客感知服务有形展示、承诺履行与可靠性、服务保证性、个性化关怀、服务响应性 5 个因子均与游客满意度之间有显著的相关关系，且相关系数分别为 0.424、0.549、0.475、0.515 和 0.355，表示显著正相关。假设 1 得到验证，即旅行社服务质量与游客满意度有显著的正相关相关关系。

　　偏相关系数可以解释为当旅游者的满意度不受其他因素的影响时，某一影响因素对旅游者满意度的影响会有多大。通过 5 个服务属性影响因子的偏相关分析，可知 5 个服务属性影响因子对游客满意的影响大小是不同的。其中"承诺履行与可靠性"对游客感知的满意度影响作用最大。

　　（2）服务质量与价格认知的相关分析

　　本部分检验服务质量与游客价格认知是否有显著的相关关系，即对假设 2 进行验证。表 5-10 所示为服务质量 5 个因子与游客价格认知的相关分析结果。

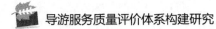

表 5-10   服务质量 5 个因子与游客价格认知的相关分析结果

		服务有形展示	承诺履行与可靠性	服务保证性	个性化关怀	服务响应性
游客价格认知	Pearson 相关系数	0.282	0.317	0.328	0.087	0.321
	显著性检验（双尾）	0	0	0	0	0
	样本数	12573	12573	12573	12573	12573

Correlation is significant at 0.05 level （2-tailed）

从表 5-10 中可以看出，除了"个性化关怀"与"游客价格认知"的相关系数检验的 t 统计量的显著性概率为 0.208，大于 0.05 外，其余各服务质量维度与价格认知的相关系数检验的 t 统计量的显著性概率均为 0.000，均小于 0.05，在 0.01 水平上拒绝零假设，认为被调查样本的游客感知服务有形展示、承诺履行与可靠性、服务保证性、服务响应性 4 个因子均与游客价格认知之间有显著的相关关系，且相关系数均为正数，表示显著正相关。假设 2 部分得到验证，即

假设 2.1：旅行社服务有形展示对游客价格认知有显著的正影响关系；

假设 2.2：旅行社承诺履行与可靠性对游客价格认知有显著的正影响关系；

假设 2.3：旅行社的服务响应性对游客价格认知有显著的正影响关系；

假设 2.4：旅行社的服务保证性对游客价格认知有显著的正影响关系。

上述这四个假设均成立。

假设 2.5：旅行社的个性化关怀对游客价格认知有显著的正影响关系，该结论不成立，旅行社的服务关怀性对游客价格认知无显著的正影响关系。

马斯洛理论把需求分成生理需求、安全需求、社交需求、尊重需求和自我实现需求五类，依次由较低层次到较高层次排列。根据这一需求层次理论，个性化关怀属于较高层次的需求。由前面的样本基本特征分析可知，报团出游的游客的学历大多数在本科及以上，文化层次比较高，对自我实现等较高层次的需求不大。同时，游客对旅行社能否按合同提供服务、导游的专业能力如何等方面较为敏感，会把其与所付出的货币做比较，从而影响对价格的评价。而游客对旅行社提供的个性化关怀本身需求就不是很高，也就很难把其与价格联系起来，从而导致旅行社个性化关怀方面对游客价格认知无显著影响的结果。

（3）价格认知与游客满意的相关分析

表 5-11 所示为价格认知与游客满意相关分析的结果，即对假设 3 进行验证。

表 5-11　价格认知与游客满意相关分析结果

		价格认知
游客满意度	Pearson 相关系数	0.523
	显著性检验 Sig.（双尾检验）	0
	样本数	12573

Correlation is significant at 0.01level （2-tailed）

从表 5-11 中可以看出，价格认知对游客满意在 0.01 的显著性水平上相关，且相关系数都是大于 0，假设 3 得到验证，即旅行社价格认知与游客满意度有显著的正相关关系。

（4）价格认知与游客忠诚度的相关分析

价格认知与游客忠诚度相关分析，具体结果见表 5-12：

表 5-12　价格认知与游客忠诚度相关分析结果

		价格认知
游客忠诚度	Pearson 相关系数	0.713
	显著性检验 Sig.（双尾检验）	0
	样本数	12573

Correlation is significant at 0.01level （2-tailed）

从表 5-12 中的数据我们可以看到，价格认知对游客忠诚度在 0.01 的显著性水平下呈正相关关系，其相关系数为 0.713。因此，假设 4：旅行社的游客价格认知对游客忠诚度具有显著正向影响得以验证。

（5）游客满意度与游客忠诚度的相关分析

本部分检验游客满意度是否对行为意愿有显著影响。

表 5-13 所示为游客满意度与忠诚度的相关分析结果。从表中可以看出，游客满意度与忠诚度在 0.01 的显著性水平上相关。其相关系数为 0.566。因此，假设 5：旅行社的游客满意度对游客忠诚度具有显著正向影响成立。

表 5-13　游客满意度与忠诚度相关分析结果

		价格认知
游客 忠诚度	Pearson 相关系数	0.566
	显著性检验 Sig.（双尾检验）	0
	样本数	12573

Correlation is significant at 0.01level （2-tailed）

第 6 章 提高导游服务质量的 对策与建议

　　当前，导游服务质量形势严峻，欺骗旅游者的加点、导购等"宰客"现象屡禁不止这既严重损害了旅游消费者的合法权益[103]，也损害了旅行社行业的社会形象，制造了旅游消费者与从业者的紧张关系，加剧了两者之间的矛盾，影响社会和谐，也影响导游职业的健康发展。导游服务在旅行社、游客和各旅游接待单位之间起着连接和纽带的作用，导游服务质量高低对于旅游目的地的接待服务具有某种代表性，起着标志作用[104]。导游服务质量问题已成为我国旅游服务质量的一块短板，提高导游服务质量应从政府、行业协会、导游服务公司、旅行社及导游自身出发[105]，找准自身角色定位，各司其职，只有这样才能形成合力，最终达到提升我国导游服务质量的最终目的。

6.1　政府角色

6.1.1　制定可操作性的导游服务标准

制定并实施导游服务的相关标准是规制导游服务行为，提高导游服务质量的重要方法。

在制定过程中应建立政府主导，协会负责，旅行社、导游和游客广泛参与的导游服务标准化运作机制[106]。导游服务并非仅由导游完全承担，导游、旅行社和游客都是导游服务的参与者和博弈者，也都是导游服务质量最直接的利益相关者[107]。因此，建立导游服务标准化机制不能脱离这些最直接的利益相关者，应当从目前的政府"主办"向政府"主导"转型，以旅行社行业协会作为各方利益关联者，充当中介机构，具体承担标准的编制、实施、监督检查和调整、修订的组织者，起到穿针引线的作用，使导游服务标准化工程能不断推进，一以贯之。而政府通过旅行社评级、导游考核等政府行为推动标准的实施。

6.1.2　推广科学的导游服务质量评价体系

以游客感知服务质量为主的三维评价体系，是目前较为科学的导游服务质量评价标准。

实施导游服务相关标准必然涉及对导游服务质量的评

价，否则设立标准就失去了意义。而评价服务质量最重要的还是顾客的感知服务质量，即顾客对服务期望与感知服务绩效之间的差异比较。为尽量客观公正地对导游服务质量进行评价，建议建立基于导游服务相关标准的导游服务质量三维评价体系，即从服务项目的接受方——游客、服务项目的提供方——旅行社和第三方机构——旅行社协会的三维角度同时对服务者——导游进行评价。三方评价结束后，分别产生评价指数，再以游客评价为最大权重，将评价指数进行加权求和，得出评价结果。对导游的服务质量评价应当与导游的年审和等级评定挂钩，而旅行社导游的服务质量综合评价又应与旅行社的等级评定挂钩，同时将相关信息向公众发布，让这些信息成为旅游消费的重要导向，逐步形成优者获益的市场选择机制。

6.1.3　建立科学的导游准入和退出机制

导游服务质量的高低与导游个人素质密不可分。建立科学的导游准入和退出机制。

1. 应提高导游资格考试门槛

我国导游资格考试自 1989 年开始实施，其本意是提高导游从业人员的素质水平，当时主要针对旅行社的导游，必须考到导游证才能上岗[108]。20 世纪 90 年代，由于国内国际游客数量剧增，为解决导游数量短缺，报考门槛降为高中毕业，伴随教育改革带来的大中专学生就业难，导游资格考试作为导游职业的准入证，因其门槛低，吸引了大量社会人员，多次掀起报考高峰[109]。但低门槛直接造成当前的导游人员素质降低，影响导游职业声誉，因此建议有计划地提高导游资格考试的门槛，建议达到大专以上水平，并逐步优化人才学历结构，对现有低学历的导游要限期参加旅游院校的学习培训，提高学历水平。

2. 用好旅游院校培养的旅游专业人才

我国有旅游大中专院校近 2000 所，在校生近百万人，投资巨大的旅游院校培养的旅游人才具有旅游知识技能全面、个人素养较好的特点，旅游行业应充分用好这些人才。可以借鉴师范生取得教师资格的方法，鼓励这些旅游专业人才考取导游证，走上导游岗位并提供方便。

3. 对专家型的人才和学者可直接颁发导游资格证

旅游是文化行业，需要具有文化科技专业知识的专家，引导游客理解文化，提高导游讲解层次。政府可制定政策高等院校、文化科研院所的文化、历史、旅游、建筑、生物、科技专家都可以直接颁发导游资格证，这样的导游学养深厚、见识广博，对游客来说是一次难得的与高层次人才交往的机会[110]，会留下深刻的印象。还有一些有特殊身份或经历，或者和某一旅游景点、旅游目的地有特殊关系的人，都可以直接颁发导游证，对游客来说，与他们的交往能更深刻地理解旅游地文化，得到更好的旅游体验。

4. 建立导游退出机制

目前，我国导游人数已近百万，但是，这种仅仅停留在简单数量增加的增长，基本属于粗放型的，致使导游队伍出现学历低、等级低、语种不全等结构方面的失调，并不适应旅游市场的需求[111]。在管理制度上，由于缺乏退出淘汰机制，人员只增不减，数量日益庞大，在实际执业的人员中，得到更多的带团机会通常不以服务质量和服务水平取胜，而以不取报酬甚至接受旅行社苛刻条件为前提，致使提高导游素质成为空谈。国家应该及时建立导游退出机制，使导游队伍形成良性循环[112]。

6.1.4　建立职业保障机制

从国家的职业分类体系来看，按照我国目前的职业分类体系，导游职业不属于专业技术人员之列[113]。按照这一分类标准，导游职业被排除在专业技术人员之外，即导游的职业定位缺乏国家职业分类标准的认可。在这种状况下，建立导游职业保障机制尤显重要。

1. 应建立长效的导游发展与激励机制

建立一个健全的导游激励机制，对于调动导游的工作积极性，提高导游的工作技能具有很大的现实意义[114]。导游发展与激励机制的建立，不仅是旅游企业的责任，而应该是由政府、企业和社会各个方面来共同完成。国家应当承认导游职业的专业技术属性，将导游人员列入专业技术人员之列，导游人员能够与其他专业技术人员一样，享受专业技术职称，并且这种职称能与其劳动报酬、社会福利、医疗保险直接挂钩，促进导游职业终身化。旅游行政管理部门为激励导游卓有成效地开展工作，应当出台一系列导游激励的政策和措施，对有突出贡献的导游和优秀导游在全行业通报表扬，扩大其知名度，提高其影响，提供学习和发展的机会等，对有突出贡献者在导游晋级考核中开辟绿色通道，甚至直接录用为国家公务员或选聘到相应的旅游管理机构，以此促进导游职业终身化。

2. 建立合理的导游薪金机制

导游收入来源，用公式来表示应为：导游收入 = 出团补助 + 部分佣金 + 小费 + 其他。必须改革目前以回扣为主的导游薪金制度，推行"公对公"的旅游购物佣金。旅行社与定点购物商店签订合同，确定佣金比例与支付方式。旅游商店按导游所带游客购物金额的一定比例和旅行社结账，旅行社按一定比例支付佣金给导游作为劳动报酬。考虑到导游人员已成为自由职业的事实，旅行社在不发给导游底薪的情况下，应当根据导游每次带团工作量的大小和导游职称等级的高低来确定不同的出团补助，对导游的出团补助实行弹性制。为了规范导游的收入，旅游行政管理部门应当对开展"零团费""负团费"经营的旅行社予以严厉查处，直至予以取缔，防止旅行社将经营风险转嫁给导游，向导游收取"人头费"。

3. 建立有力的导游保障机制

建立有力的导游保障机制是提高导游素质，稳定导游队伍的有效举措。导游保障机制的建立，包括法律保障、劳动保障、医疗保障和人事保障几个方面的内容[115]。国家相关部门，应对目前的《导游人员管理条例》进行必要的修改，在《导游人员管理条例》中，对导游的人格和尊严的保护、导游应有的权益进行明确规定。劳动部门应把导游列入社会统筹保障范畴，在导游就业、劳动保障、医疗保险、养老保险等方面采取相应的保障措施，确保导游人员在患病、生育、工伤、残疾和退休时能依法从导游服务公司、旅行社企业和政府获取帮助[116]。劳动、人事部门应为导游的职称评定、人才流动提供必要的保障，为实现我国导游职业终身化提供必要的条件[117]。

6.2 行业协会角色

导游协会等旅游行业协会组织是由从事旅游业的专职和

社会兼职导游人员、重视和关心导游工作的人士，按照平等自愿的原则结成的导游专业性协会，是非营利性的社会组织，具有独立的社团法人资格[118]。导游协会的宗旨一般是遵守国家的法律法规和有关政策，遵守社会道德风尚和行业道德规范，代表和维护全体导游人员的共同利益，维护会员的合法权益，在主管单位的指导下，为会员服务，为行业服务。

6.2.1　发挥"导游之家"的作用

成立导游协会意味着导游人员有了自己的"家"，因此协会要为入会的导游人员服务，关注他们的工作和生活动态，及时了解并帮助他们解决遇到的困难，让他们切实体会到协会这个大家庭的温暖。

协会要开展本地区导游队伍现状调查，不仅要掌握现有专职、兼职导游人员的基本情况，还要对整个地区导游队伍发展壮大的有利和不利因素进行深入调查，制定本地区导游业发展规划；扩大导游协会规模，广泛吸收优秀导游人才入会，汇聚行业发展的最活跃要素。

协会应及时传达、学习并协助贯彻执行有关政策、法规，协助旅游主管部门开展旅游形象宣传；在政府各类会议上探讨行业发展问题，反映导游员的真实想法和需求，并定期举办"对话"活动，邀请政府领导和导游人员代表参加，针对行业中普遍存在及有争议的问题进行探讨。

6.2.2　抓好导游培训工作

在旅游淡季，定期成立在职导游人员培训班，邀请旅游业的专家学者、优秀导游人员、政府相关部门领导授课；组织会员对旅游新产品进行实地考察，丰富他们的社会经验和业务技能；适时开展本地区导游人员代表座谈会、联谊会等活动，促进导游队伍内部的交流沟通；定期组织导游人员代表到周边及其他地区导游协会参观考察，学习先进经验，开阔导游队伍的视野；优化导游队伍结构，吸纳社会专门人才进入导游队伍，培养人文、风景、宗教等旅游景点的资深专业讲解人员；发挥旅游院校的作用，加强对复合型导游、小语种导游、专家兼职导游的培养，并吸纳这些人才，全方位提升导游队伍的素质[119]。

6.2.3　依法维护导游人员的权益

凝聚导游业发展的力量，就必须利用一切有利的资源，为导游人员的利益着想，为导游人员的发展谋划。一方面，协会应定期或不定期地邀请旅游法律法规专家和资深人士，开展法律法规宣传教育，增强导游人员的守法和维权意识；另一方面，当导游员与旅行社或游客之间发生权益纠纷时，协会应积极参与，秉公处理，既要保护游客的利益，也要维护导游人员的合法权益。

6.3　导游公司角色

随着我国旅游市场需求日益增长，导游队伍迅速扩大，社会导游成为导游大军的主体[120]。社会导游服务管理机构（主要是导游公司）正是在这样的背景下产生的[121]。

6.3.1　建立有效的导游管理机制

针对目前我国导游职业的自由化趋势，建立高效、灵活的导游管理机制，是对导游实行有效管理的必然要求。导游人员以自由职业者身份进入旅游行业，凭借服务技能和导游水平开展旅游接待工作，以此交换得到应有的劳动报酬、合理小费和各种佣金。实行导游人员的管理与使用分离，实行导游公司对导游人员专业化管理，解除导游人员与旅游企业的依附关系。导游公司应该成为我国旅游行业管理体系的一个组成部分，努力为当地旅游行政管理部门承担相应的管理职能，一方面为旅行社提供导游人员并向旅行社收取中介劳务费。另一方面向挂靠导游收取管理费，负责为挂靠导游办理导游证、导游等级证和 IC 卡，并负责其日常管理；负责组织导游人员参加年度审核、年度培训；负责导游人员等级升迁的评定工作，负责建立导游服务质量的考核办法与奖惩制度。

6.3.2　为社会导游提供专业支持

导游公司是社会导游与旅行社之间的桥梁，为其提供工作机会，降低导游个人寻找工作机会的"交易成本"[122]。而社会导游以年为单位向所挂靠导游公司交付管理费用。为了树立自身良好的信誉，导游公司不仅将为挂靠的导游提供出团机会，更会对其进行业务知识和技能培训及提供导游词、导游证年审服务等专业支持。只有这样，导游服务公司才能在竞争中保持相对优势。

另外，一个职能完善的导游公司，还应该通过导游沙龙、职业生涯规划、相关业务培训和指导等诸多方式，为社会兼职导游提供职业发展机会。这样才能有效地提升导游服务质量，为导游公司争取更多的客户资源[123]。

6.3.3　维护社会导游合法利益

导游公司还要成为维护社会导游合法权益的代言人。现阶段，多数社会导游人员在付出艰辛的劳动之后，仅能从旅行社得到与其劳动付出极不相称的出团补贴。导游工作具有高风险的特点，而旅行社一般都不为出团社会导游办理意外保险。如有游客不满意旅行社服务质量而投诉，社会导游还要承担由此造成的部分甚至全部经济赔偿责任；大众传媒也往往只从表面现象出发，热衷于对导游违规现象的曝光，而缺乏对导游违规现象深层次的剖析[124]；凡此种种，使得社会导游在带团过程中承受多重心理压力。

导游公司与旅行社签订合作协议时，应该坚持明确社会导游从事导游服务工作应得的合法、合理所得，并采取措施保障社会导游的人身安全。在产生旅游责任事故时，导游公司还应该合理分辨导游、导游公司、旅行社三方各自应该承担的责任份额，避免向导游人员转嫁责任的现象发生。

6.3.4 促进旅行社向专业化发展

旅行社是导游公司的服务对象，导游公司为其提供接待业务所需的人力资源。按照事前签订的协议，导游公司为旅行社提供所需社会导游人员，旅行社则以天为单位支付导游出团补贴、支付导游服务公司中介费用。此时社会导游的人事隶属关系发生暂时的转移。根据权利义务对等原则，导游带团期间由其过失造成的法律责任应该由导游、导游公司、旅行社及其有关第三方责任人共同分担[125]。传统上，旅行社基本业务包括产品开发、产品促销、产品销售、旅游服务采购及旅游接待五项，其中前四项业务由于涉及旅游线路的开发与市场的开拓，具有一定的独特性且相互间关联度很高，而第五项接待业务相对独立，并且同质性较高。在市场竞争日益激烈，外包理论逐渐成熟的条件下，导游公司为旅行社将接待业务剥离外包，从而降低成本、集中资源、进行专业化经营提供了可能。

6.4　导游自身角色

俗话说"打铁还需自身硬"，提升导游服务质量与导游自身的努力是密不可分的[126]。导游服务是指导游人员代表委派的旅行社，接待或陪同游客旅行、游览，按照组团合同或约定的内容和标准向其提供的旅游接待服务。导游服务质量不仅取决于导游人员的常规性服务，更取决于心理服务或情绪性服务[127]。导游人员在服务中是多角色的统一体，应分清不同角色的作用并适时完成角色的转换[128]。

6.4.1　自觉提升业务素质

1. 努力提升导游知识素质

导游讲解的主要问题是导游讲解太少或根本不讲的哑巴导游[129]；导游光讲传说神话，对景点的文化价值、历史价值、科学价值缺乏了解[130]；导游讲解信口开河或闹笑话，缺乏基本的知识[131]；导游语言千人一面，刻板背诵导游词。为此导游应不断地加强导游基础知识学习，提升自身知识素质。

2. 努力提升导游职业素质

游客投诉较多的导游接团中的漏接、迟接，一方面反映出应变能力、预测计划安排不足等职业技能不过关；另一方面也反映出职业责任感不强。游客投诉较多的擅自更改线路、增加购物点的问题，甚至有的导游对不购物或购物少的游客"给脸色""说冷话"等，一定程度上反映导游个人素质和职业道德的低下。

有些游客投诉中的导游协调处理不积极或失当，导致游客和供应方在出现矛盾时加剧冲突，最后引起双方较大损失。这样的案例反映出导游的服务工作责任感差或者工作技能低[132]。导游与游客交往缺乏沟通技巧或经济目的唯一，沟通品位低下，以致社会上对导游存在"油、精、奸"等看法，这与导游的专业技术素质差、个人综合素质较低有关。

6.4.2　加强自我管理

1. 加强道德修养，成为身心健康之人

导游工作纷繁，服务对象复杂，需要满足的需求多种多样，同时又面对着精神污染和物质诱惑，是一项脑力劳动和体力劳动高度结合的工作。因此，导游人员必须加强道德修养，成为身心健康之人[133]。

2.强化职业道德规范，增强自我约束力

导游职业道德就是把一般的社会公德与导游服务特点有机结合而成的导游人员的行为规范，要求导游人员必须以全心全意为游客服务为核心，以集体主义为基本原则，在服务过程中发扬爱国主义精神。它对导游工作有重要的指导作用，但是对导游个体而言，只具有外在约束力。只有导游人员自察、自检、自省、自律，把外在的道德要求转化为自身的道德品质，融化于自己的心灵中，再自觉地执行道德规范，调整自己的行为，有效地解决导游工作中的各种矛盾，才能真正提高导游服务质量。

3.调整职业心态，磨炼职业意志

不管是什么角色的导游都有一个准备过程，除了要求业务准备等之外，最基本且最重要的一个准备就是职业心理的准备。在带团过程中，可能有信心不足的情况，当出现矛盾难以协调、遭到客人误解的时候，对导游职业心态的调整、职业意志的磨炼提出很大挑战。这时导游就要进行情景假设、换位思考，想象出自己在带团过程中采取有效行动时的良好感受，充分估计到事情的复杂性和发展变化的多种可能性，找回职业自信。当然还需要不断地在实践中锻炼自己，不怕苦、不怕累、更不怕错，磨炼职业意志。

第 7 章　导游服务质量个案研究

本章选取近年来有代表性的案例进行研究，通过案例背景梳理、案例分析及小结等环节，旨在厘清事件，总结经验教训。

7.1　案例 1：香港女导游阿珍辱骂游客事件

7.1.1　案例情况回顾

2010 年 3 月初，安徽泾县某家用电器公司和泾县某超市回馈老顾客及超市购物抽奖产生 51 人，由泾县金川电力旅行社代办，送 51 位"幸运顾客"610 元赴港澳 3 日游。3 月 25 日抵港首日便游玩了太平山和海洋公园，随后便由女导游阿珍接团带大家购物。

刚见面，阿珍就不停地给该团游客"洗脑"，灌输进店购物的消费观念。3 月 26 日，阿珍将该团游客带到金凯珠宝商店购物。据团中游客王先生反映："我们进店时有人把门，只给进不给出，店里已有数百位购物游客。"导游阿珍在店里不停地强迫大伙儿买珠宝，还扬言若不购买，就不给出店。如此该团在店内停留了 2 个小时左右才被放出。出店后，经领队阿珍盘点购物情况，发现王先生所在团队 24 名游客中，购买珠宝量较少，约 1.3 万元。上车后阿珍便脸色骤变，对王先生所在的小组游客进行辱骂和恐吓。恐吓的语言也被媒体称为"'恶女珍'语录"，具体如下："你摆明就是过来占便宜，是不是？""你这辈子不还，下辈子也要还出来。""香港导游都不喜欢带老师团，说老师都是铁公鸡，你们可不能当铁公鸡啊，你们当了铁公鸡，我会拔你们的毛，拔一根你会疼，拔多了你就不觉得疼了。""旅游观光，把钱花光，是不是？在家穷一点没有所谓，走出来不要这样子，对不对？"

受了一肚子气的王先生刚回到宣城市泾县，便气愤地将"恶女珍"视频在网上进行了公布。与此同时，王先生先后 3 次接受了本报的独家专访，一再揭露"恶女珍"和"港澳游"的真面目。王先生也将他本人与另 23 位同游乘车人名单连同所拍视频的复制版发往香港旅游业议会，希望讨个说法。

7.1.2 案例深度剖析

该案例的根源是零负团费，只不过以购物抽奖的形式来进行营销和宣传。零负团费（zero and negative tour expense）是旅游商"发明"的一种经营方式，是旅游界营销模式的一种潜规则，在我国旅游市场快速蔓延[134]。

在"零团费"运行模式下，客源地组团社不付给目的地地接社任何资金，只输送客源。在这种模式中，游客的基本旅游消费，以及地接社的折旧费、利润、税金、导游服务费等都来自导游所交的"高人头费"和旅游服务供应商的"签单"；地接社的运营费用以购物和自费活动佣金为主，导游人头费为辅；地接社和导游的"回扣"项目多。

在"负团费"运行模式下，目的地地接社不仅不向组团社收取任何接待费用，反而向组团社"买团"。地接社的运营费用以导游人头费为主，购物和自费活动佣金为辅；游客必须花费一定数额的指定消费项目费用[135]。风味餐馆、偏僻宾馆、观光缆车、上岛游船、出租车司机、低劣景点、购物商店、特种演艺厅等自费场所的旅游服务供应商为了保证客源[136]，只得将大部分营业收入都"返还"给地接社和导游，陷入低价经营循环中，而游客则陷入高价陷阱。例如，海南的地接社导游在带团前要先交 6000 元的押金给旅行社，地方导游真正成了"鱼鹰""刀手"，陷入高压力带团的境地，服务意识全无，整个人的心灵和行为都被扭曲。

《旅游法》第三十五条规定："旅行社组织、接待旅游者，不得指定具体购物场所，不得安排另行付费旅游项目。但是，经双方协商一致或者旅游者要求，且不影响其他旅游者行程安排的除外。发生违反前两款规定情形的，旅游者有权在旅游行程结束后三十日内，要求旅行社为其办理退货并先行垫付退货货款，或者退还另行付费旅游项目的费用。'港澳游'在行程计划中即便注明了购物点，也不宜规定购物时间。"

7.1.3 事件处理与教训

1. 事件处理

该事件，促使香港特别行政区频繁与内地沟通重塑诚信品质。

（1）"恶女珍"公开道歉并遭辞退

2010 年 7 月 27 日，强迫内地游客购物并辱骂游客的香港导游李巧珍（阿珍）首次公开露面，在记者会上，她声称对事件非常后悔，并向内地游客和香港市民道歉。为了杀一儆百，香港旅游业议会表示会吊销"阿珍"的导游证，香港导游界将对"阿珍"终身"禁足"。

（2）推出"优质诚信香港游"新举措

2010 年 7 月 27 日，香港特别行政区相关旅游部门与国家旅游局在北京联合举行了"优质诚信香港游"发布会，会上不但请来深受内地居民喜欢的形象大使——小猪麦兜作为代言人，还推出了一系列"优质诚信香港游"新举措。其中，明确亮出了三大诚信保证——无强迫购物、无自费项目、无附加费。同时，香港在利用网络平台加强全国覆盖的同时，新增了23家合作旅行社，将直接参与"优质诚信香港游"计划的城市从18个扩展至27个，进一步扩大"优质诚信香港游"的影响力，让"优质诚信香港游"更快、更多地覆盖内地城市。

（3）同国家旅游局达成"5点共识"

2010年7月31日，内地与香港特别行政区旅游工作磋商会议在京召开。双方就共同做好规范内地赴港旅游秩序相关工作达成了5点共识。一是国家旅游局要求各地旅游行政管理部门进一步加强赴港旅游团队管理工作，强化领队职责，支持和配合香港共同规范旅游市场；二是国家旅游局将责成有关部门积极配合香港旅游业界专责小组做好相关工作，双方同意在近期召开工作磋商会议，研究规范内地赴港旅游市场秩序；三是双方同意共同做好增加旅客权益透明度的相关工作，国家旅游局将通过中国旅游报、中国旅游网等多种渠道，广泛宣传香港方面提供的赴港游客须知；四是为更有效地处理内地游客在香港发生的旅游突发事件及投诉个案，国家旅游局将给予必要的协助配合；五是双方同意进一步加强工作联系，确定港澳台司司长和香港旅游事务专员为双方联络人。

2. 事件教训

（1）杜绝"零负团费"

在国内有些路线有时候也有超低价团费、导游私自增加购物点之类的现象。其他的旅游路线最好能吸取"港澳游"的教训，也对市场秩序进行整顿，杜绝"零负团费"现象发生。

（2）拒绝强制性购物

"其实出去旅游，购物本是不可缺少的一个环节。""假如跟着导游能买到各自需要、各自喜欢的商品，还是有不少人愿意团购的。"正是因为"港澳游"中不但强制性购物，导游甚至还恶语伤人，才让游客"败了兴致"。

（3）成熟消费

游客在报团时不以价格高低作为选择旅行社的首要条件。消费者要跳出只求价格低、不顾服务质量的误区，从多角度来衡量旅行社的优劣。

7.2　案例2：赴港旅行团导游"逼购"事件

7.2.1　案例情况回顾

2011年春节期间，因香港导游强迫购物而引发的争执再升级。来自安徽的张氏夫妇不满香港导游因他们无购物而恶言相向，与这名女导游争执打斗，引来业界震惊。这是继 2010 年 7 月份"阿珍事件"后的另一起严重影响香港旅游业整体形象的旅游事件，该事件又恰好发生在香港旅游业监管新规实施后的第 4 天。同时，在澳门春节期间也发生内地团友与导游打架事件。港澳旅游恶性事件屡屡发生让人不禁再反思，究竟这一旅游乱象症结何在？

事件发生在 2 月 5 日，跟团到香港特别行政区旅游的安徽张氏夫妇因被强迫购物，与友佳旅行社女导游发生争执打斗，三人被香港警方控以公众地方行为不检，案件于 2 月 7 日宣判，最终涉案三人各获准签保 1000 港元及守行为 12 个月。该旅行团是香港友佳旅行社的 3 天香港游旅行团，5 日早上被女导游安排到一家珠宝店购物，逗留超过 2 小时，最后团队游客并无购物，导游便用脏话谩骂他们，接着便发生争执。恰恰从 2 月 1 日开始，国家旅游局和香港特别行政区旅游事务署推出的《内地居民赴港旅游组团社与地接社合同要点》，香港旅游业议会为提升香港服务业水平也推出以"一团一导游"为核心的 10 项措施，新规则刚实施便出现暴力事件，让新规备受挑战。

7.2.2 案例原因剖析

1.导游零底薪靠购物提成

香港特别行政区历来是游客心目中的购物天堂，但屡次发生因强迫购物引发的冲突却让人寒心。业界普遍认为，这与香港导游的薪酬制度有很大关系。目前很多香港导游都是"自由人"，可以带不同旅行社的团，因此很多都没有底薪，所以游说游客购物的提成便成了这部分导游的主要收入来源，一旦游客不购物，就可能使用暴力或其他手段要求游客就范。就像此次春节期间张氏夫妇参加的 3 天旅行团，团费很低，且行程中注明了购物点，就说明此类旅行团的导游会通过游客购物消费来增加收入。

2. 导游素质低利益至上

香港特别行政区一些本地导游是兼职的家庭妇女，本身素质不高，再加上零底薪的薪酬制度，这样导游也就更容易引发利益至上的观点，根本不太考虑影响和后果。这类导游多数很有"手段"，好言相劝之外会用暗示、讽刺甚至谩骂等手段来胁迫游客购物，如"不给饭吃""不安排住宿"等都是惯用的胁迫伎俩[137]。

这些购物导游经常跑团，如只在购物时才出现，其他观光行程则由另外的导游接任，这也就是此次张氏夫妇所在的旅行团在行程中频频换导游，3 天换 4 个导游的原因。虽然10 项新政核心就是"一团一导游"，张氏夫妇所在的旅行团合同也写明有一位固定导游。实际上，"一团一导游"只是一纸空文。

3.新规反弹大未从根源解决问题

2011 年 2 月 1 日起正式实施的两项条例新规中，《内地居民赴港旅游组团社与地接社合同要点》是对赴港游组团社和地接社在行程安排、购物场所、次数和时间及团费价格等进行合同式申明的条例。业界认为对于强迫购物、零负团费现象更有针对性的则是香港特别行政区旅游业议会推出的"10项监管新规"，这是从"阿珍"事件发生以来香港业界为规范香港旅游业、提升香港旅游形象所推出的针对性措施。从措施的具体细则来看，"一团一导游"及对旅行社和导游实施"记分制"等都是站在保障游客权益的角度上制定的措施。

7.2.3　事件影响与教训

1.事件影响

（1）新规形同虚设

新规颁布之后，2011 年 1 月份香港特别行政区的导游工会就曾率导游、旅行社职员、司机等 1700 多人上街游行反对这十大措施，尤其是对"一团一导游"的规定反弹最大。"一团一导游"是针对强迫购物问题出台的特别举措，按规定旅行社除接团及自由活动外，必须指派同一名有执照的导游带团，包括观光、购物和送团等，防止个别导游趁机以"跳团"方式每天带不同旅客购物赚取最大回扣。新规尚未推出就引起香港导游工会的强烈反弹，在没有独立监管机构的情况下，"上有政策下有对策"是必然的，合同上是写明了一个导游，事实上并不遵循，新规未能消除问题发生的根源，形同虚设。

（2）导游、游客、旅行社关系紧张

从近年来陆续发生的一些内地游客赴港澳游的纠纷来看，有的是因为导游"宰客"，导致游客愤怒而引起的；有的也是因为部分游客无理取闹、目中无人而导致的。有一种心态更是典型，有些游客觉得既然自己花了钱，旅行社和导游就要好好"服侍"我，稍有不顺心就会发作，恶言相向甚至大打出手成了游客"维权"的手段，甚至有人故意刁难想换取赔偿，令游客、导游、旅行社各方关系更是日益紧张。

（3）促使国家旅游局加大监督力度

据新华社报道，国家旅游局于2月4日晚发出《关于加强监督管理规范旅游市场秩序的工作意见》（以下简称《意见》），提出五项任务，要求业界严格执行法律法规，摒弃"零负团费"以低价招徕的模式；制止欺诈消费和强迫消费，若出现诱导、强迫游客购物和参加另行付费旅游项目的违法行为将受到严肃处理；加强对旅游合同的监督检查，坚决打击不依法签订旅游合同和违反合同约定的行为；查处以部门挂靠承包方式转让、出租、出借旅行社业务经营许可证行为等。《意见》还提出，各级机构要加大监督力度，旅游局如接获任何欺诈、强迫旅客购物、严重名不副实、违反合约等投诉，会将违法违规信息记入诚信档案，然后披露案例及查处情况，并公布涉及单位和责任人。

2. 事件教训

（1）相关规定出台前，应充分调研

对此，香港特别行政区导游总工会会长黄嘉毅就公开指出："目前大约八成香港导游没有基本底薪，绝大部分收入是通过购物抽取佣金，香港导游的薪酬结构本身就不合理，而近日实施的十大指引根本没考虑导游的薪酬情况，如果不从根本上解决问题，以后还会继续发生这种冲突。"导游公会更是提出，绝大多数导游没有底薪，旺季时，导游每月平均可带 12 个团。"一团一导游"令导游带团减半，每个旅客要消费近 7000 港元，导游才能维持原来的收入，"这是逼我们宰客！"

（2）游客明知有诈还贪便宜

媒体关于港澳"零负团费"等旅行团的曝光已是不少，但为何不少内地游客明知有诈却依然愿意上钩呢？根本上来说还是贪便宜的心理在作祟。

从各大旅行社了解到，目前广州出发的香港一天游最低价在 80～98 元之间不等，而两天团最低也要 400 元左右。因此那些 40～50 元的香港游或标价 300 元 3 天 2 晚的线路都铁定存在很多强制性购物消费项目，这一点已经是业界和游客之间形成的"默契"。游客应当看到，贪图价格便宜肯定是得不到应有的服务，低价往往是以服务标准的降低和自费项目的增加为代价的。

（3）游客自封"上帝"难服侍

近两年中国游客出境旅游多了，除了花钱豪爽、"很有钱"之外，有时候也会给人一些"低素质"、缺乏修养的坏印象。据媒体报道，参与打斗争执的安徽游客在参团首天已经显露出事事刁难的作风，曾经在入关时与海关人员发生口角，且态度强硬，在香港女导游指骂团员时，先出手反击，继而引发一系列争斗，而就在 2 月 14 日，又发生了辽宁旅行团团员围殴澳门导游的事件，起因却是团员不满负责接待的导游没有高举接团牌而出言责骂。

7.3 案例 3：香格里拉导游强制购物事件

7.3.1 案例情况回顾

央视记者于 2013 年 8 月 6 日参加昆明康辉永生旅行社组织的香格里拉行程团队前往香格里拉。当地导游段元周（化名扎西土匪）受丽江黑白水旅行社委派带领该团前往香格里拉。在团队行至松园桥（靠近丽江）途中，导游强行收取游客的藏民家访费用，对拒交的游客进行言语威胁，口出"香格里拉的导游很恐怖，可以把刀架在脖子上"等不文明用语，之后进入丽江虎跳峡，于 12 时左右在香格里拉虎跳峡镇彝香楼餐厅用餐。当晚自费参加郎卡藏民家访，结束后入住酒店；2013 年 8 月 7 日游览香格里拉吉达姆草原、独克宗古城，两名游客自愿放弃之后的行程。经查实，导游段元周（扎西土匪），籍贯安徽，于 2013 年 4 月考取迪庆州导游上岗从业资格证书（证号为 DQW2013020），未与任何一家旅行社签订合同。该团在当时没有引起游客的投诉。

央视记者于 2013 年 8 月 14 日再次参加从丽江到香格里拉两日游的行程。由于旅游旺季，导游不足，迪庆香格里拉中青旅行社有限责任公司委派迪庆卡瓦格博旅行社导游张涛（化名阿布）带团。2013 年 8 月 14 日导游张涛从丽江古城接待前往香格里拉散客拼团 39 人，途径拉市海、雄古观景台、第一湾观景台，上午 11 时左右，团队行至离虎跳峡 10 千米左右路段，导游张涛强行向游客收取藏民家访费用，每人 100 元，当时有 3 人拒交，导游就把他们赶下车，之后游览香格里拉虎跳峡景区。于 12：30 时在香格里拉虎跳峡镇哈巴雪山餐厅用餐。下午到达香格里拉县城并游览独克宗古城，晚上自费参加碧纳藏民家访，结束后入住香格里拉格桑商务酒店；2013 年 8 月 15 日游览香格里拉县纳帕海湿地公园，中午就餐于香格里拉县达瓦风情园，之后返回丽江县城，结束行程。

经查实，导游张涛（阿布），籍贯丽江，于2009年12月考取迪庆州导游上岗从业资格证书（证号为DQW2009241），2009年12月至今工作于迪庆卡瓦格博旅行社。记者再次参团的团队15日返回丽江，被撵的客人（记者）在丽江市旅游局进行了投诉。丽江市旅游局协调迪庆香格里拉中青旅行社向投诉人做出了投诉处理。一是团款全额退还480元/人；二是赔偿团款40%的违约金，计192元/人；三是迪庆州旅游执法支队暂扣了导游张涛（阿布）的导游证。

7.3.2　案例原因剖析

该事件一是反映了香格里拉导游强买强卖现象比较普遍；二是购物商店价格虚高。关于香格里拉民族医学门诊藏药价格虚高的情况，迪庆州相关部门及时对其进行了调查核实。该门诊因违反旅游有关管理规范，多次遭到游客投诉，已于2013年9月11日查处并关门停业，门诊坐诊医生因违反门诊内部规定在查处停业前已被开除。据《旅游法》规定，严禁旅行团对游客强买强卖，即使合同中明确规定了购物行程，游客也有权选择不进店。

7.3.3　案例影响与教训

1. 事件影响

（1）对导游进行了处理

导游张涛、段元周违反了《导游人员管理条例》第十三条的规定，根据《导游人员管理条例》第二十二条、第二十四条的规定，给予以下行政处罚：① 吊销迪庆州导游人员上岗从业资格证书；② 吊销迪庆州导游上岗证。

（2）对旅行社进行了处理

根据《旅行社条例》第五十九条的规定，处以迪庆中青旅行社 100000 元罚款。停业整顿 1 个月。

（3）对旅游执法人员进行了处理

对当事人免职并调离执法岗位。

2. 事件教训

（1）当旅游者认为其合法权益受到侵害时，应采取正确的维权方式

1）双方协商；

2）向消费者协会、旅游投诉受理机构申请调解；

3）根据与旅游经营者达成的仲裁协议提请仲裁机构仲裁 [138]；

4）可以向法院提起诉讼。消费者请求旅游监督管理部门动用保证金赔偿的时效期为 90 天，不要因自身原因延误维

权期限。

（2）避免旅游被强迫购物的经验

1）参加旅游，对旅行社及导游人员安排的购物活动须谨慎对待，如发生被旅行社或导游强迫购物、限制离店和因拒绝参加购物活动，旅行社或导游拒绝继续履行合同、提供服务[139]，或者以拒绝继续履行合同、提供服务相威胁等情形，应向香港特别行政区旅游当局举报，要求予以制止，也可在结束旅游活动后，向组团社所在地的旅游行政管理部门提出投诉。

2）提高旅游服务质量是旅游企业的责任，要以高品质的旅游产品和优质的服务赢得市场，摒弃低价竞争的短期行为，自觉维护旅游市场秩序。

3）各级旅游行政管理部门要加强旅游市场监管，严肃查处旅行社低于成本的违规经营行为，认真受理旅游者的投诉，切实维护旅游消费者的合法权益。

4）旅游者参加旅游活动时，应当将旅游产品的品质、旅游服务质量和价格进行综合考虑，不要单纯追求"廉价"，避免落入低价旅游陷阱。

5）参加旅游活动，要与旅行社签订尽量详细的旅游合同，除了对旅游行程等进行约定外，对购物活动安排也要明确约定，要明确购物次数、地点、主要商品和每次购物的最长时间，并标明旅游者有是否购物的自由选择权。

参考文献

［1］ 杨星.我国导游服务的质量思考［J］.商情，2015：90–90.

［2］张建融.导游服务标准化现状、问题与对策［J］.浙江学刊，2008（4）：183–187.

［3］ 汪红娜.基于游客感知的导游服务质量管理研究［D］.暨南大学，2006.

［4］ 侯伟红.论导游薪酬制度改革与导游服务质量的提升［J］.经济论坛，2007（24）：76–77

［5］ 任艳霞.浅议提高导游服务质量［J］.商情，2009（22）：125–125.

［6］陈佳.改革开放以来党的旅游方针政策研究［D］.河南大学，2011.

［7］李云.新《旅游法》背景下导游队伍建设的思考［J］.商业经济，2013（24）：60–61.

［8］余珊珊.《旅游法》实施后导游人员合理薪酬体系的建立［J］.当代经济，2015（19）：93-95.

［9］伊孛格勒.新旅游法带来的若干法律问题分析［J］.现代经济信息，2014（7）：280-280.

［10］成岩，唐羽.聚焦《旅游法》［J］.商场现代化，2013（28）：14-23.

［11］贝果.《旅游法》：三大亮点为旅行保驾护航［J］.当代劳模，2013（10）：72-75.

［12］李涛.湖北省旅游人力资源开发研究［D］.华中师范大学，2008.

［13］郑燕.泰山：严把服务关 细节赢点赞［N］.中国旅游报，2017-04-10（A01）.

［14］熊燕.22条铁律重构良好旅游生态［N］.云南日报，2017-03-28（001）.

［15］鲁元珍.导游管理体制谋改革 自由执业能否缓解旅游乱象［N］.人民日报.

［16］杨志刚.GATS框架下中国旅游立法与旅游者权益保护［D］.哈尔滨工程大学，2004.

［17］曹政.论当今立法下旅游行业服务的现状及完善［J］.华人时刊（下旬刊），2013（4）.

［18］王晓飞.国内旅游目的地营销重要影响因素研究

［D］.电子科技大学，2009.

［19］印倩.基于 SERVQUAL 模型的移动旅游服务质量评价研究［D］.上海师范大学，2013.

［20］李萌.导游服务质量及其提升［J］.现代商贸工业，2016，37（16）：69-70.

［21］徐慧慧.旅游法背景下导游服务质量评价体系的重构研究［J］.延安大学学报（社会科学版），2014（3）：66-69.

［22］李美霖.导游人员服务质量评价指标体系的构建［J］.桂林航天工业高等专科学校学报，2010（3）：345-347.

［23］文军.IPA 在导游服务质量评价中的实证研究［J］.桂林旅游高等专科学校学报，2007（3）：410-414.

［24］汪红娜.基于游客感知的导游服务质量管理研究［D］.暨南大学，2006.

［25］刘旭.导游服务质量对游客满意度、忠诚的影响——以咸宁游客为例［D］.湖南师范大学，2015.

［26］高锋，肖诗顺.服务质量评价理论研究综述［J］.商业时代，2009（6）：16-17.

［27］周柱英.桂林涉外导游服务质量体系研究［D］.桂林理工大学，2015.

［28］黎氏艳芳.导游服务质量对旅游业发展影响研究

［D］．广西民族大学，2016．

　　［29］周晓梅．地接导游服务质量评价体系构建研究［J］．重庆电子工程职业学院学报，2015（2）：36-40．

　　［30］许丽君．旅行社服务质量评价与集成化发展研究［D］．南京航空航天大学，2008．

　　［31］张慧．基于DEA方法的旅游企业服务质量评价模型及其实证研究［D］．湖南大学，2005．

　　［32］唐若璘．中国导游队伍现状的思考［J］．西部皮革，2016（16）．

　　［33］孙海娜．我国导游服务市场探析［J］．企业技术开发：中旬刊，2012（4）：24-25．

　　［34］张明英，杨青山．构建科学的评价体系 全面提高导游素质［J］．商场现代化，2006（27）：209-209．

　　［35］白崇萍．桂林导游服务现状分析［J］．市场论坛，2008（4）：56-58．

　　［36］刘晖．导游服务质量问题的根源分析与对策研究——基于利益相关者理论和游客感知视角［J］．旅游学刊，2009（1）：37-41．

　　［37］张莹莹．擦亮云南旅游"金字招牌"［N］．云南政协报，2017-03-29（001）．

　　［38］郭涛．高级导游品质示范呼唤旅游业发展理性回

归［J］.烟台职业学院学报，2014（4）：41-45.

　　［39］张金花.导游服务中存在的问题与解决对策［J］.中国科技信息，2006（24）.

　　［40］张燕屏.探讨提高导游服务质量的对策[J].商情，2013（45）：107-107.

　　［41］刘佳.导游服务质量控制体系研究［D］.东南大学，2010.

　　［42］万蕾.导游服务规范化管理构建［J］.产业与科技论坛，2010（4）：234-235.

　　［43］齐欣.导游服务中存在的质量问题和解决措施[J].辽宁经济，2010（6）：42-43.

　　［44］周群.旅游服务的现状分析及对策［J］.课外阅读（中旬），2013（6）：177-177.

　　［45］叶海玲，孙晓庆.试析导游的生存状态和心理危机［J］.城市建设与商业网点，2009（17）：159-161.

　　［46］夏庆丰，翟丽蓉.基于游客满意感的桂林导游人员激励机制体系设计研究［J］.沿海企业与科技，2008（2）：102-105.

　　［47］罗洋.城市综合公园游客满意度影响因子研究——以天津水上公园为例［D］.南开大学，2008.

　　［48］张莹.学业成败归因、自尊与考试焦虑的关系研

究［D］.哈尔滨师范大学，2011.

［49］吴小平.饭店交互质量评价模型的构建及其应用研究［D］.湖南大学，2005.

［50］于丽曼.饭店服务接触对服务质量影响研究［D］.天津商业大学，2008.

［51］藏振民.简论中国旅游业的现状及对策［J］.新课程（教研版），2012（11）：236-237.

［52］方芳，王朝辉.基于IPA分析的导游职业道德影响因素研究［J］.安徽农业大学学报（社会科学版），2015，24（4）：107-112.

［53］顾金梅.我国导游薪酬制度的研究与设计［J］.山西经济管理干部学院学报，2008，16（1）：3-5.

［54］曲文菲，马一芒.IPA分析法对导游服务质量标准应用分析［J］.辽宁经济职业技术学院·辽宁经济管理干部学院学报，2014（1）：15-16.

［55］南刚，王亚民，陈希.基于多维度模糊语言信息的移动服务质量测评方法［J］.工业工程与管理，2014（2）：81-88.

［56］渠源.基于现场观众感知的体育赛事服务质量管理研究［D］.天津师范大学，2010.

［57］郭佳.A礼仪公司服务质量管理与顾客满意度研

究［D］.苏州大学，2009.

［58］徐明，于君英.SERVQUAL 标尺测量服务质量的应用研究［J］.工业工程与管理，2001，6（6）：6-9.

［59］康键，郑兆红，汤万金.服务质量评价体系及标准体系研究［J］.世界标准化与质量管理，2008（1）：49-51.

［60］韩雷杰，唐学玉，仝泽强.基于 SERVQUAL 模型的物业服务质量测评——以南京市为例［J］.工程管理学报，2013（6）：56-60.

［61］李艺.服务产品顾客满意度与顾客忠诚关系调节因素的实证分析［D］.东北大学，2005.

［62］刘国强.导游服务质量评价体系构建与实证研究［J］.中北大学学报（社会科学版），2017，33（2）：63-67.

［63］蒲阳.以广东省为例：导游公司实践及发展对策研究［J］.江苏商论，2005（2）：142-144.

［64］刘春济，高静.国内旅游者对国内导游服务质量的评价研究［J］.北京第二外国语学院学报（旅游版），2006（9）：47-52.

［65］朱美虹，缪圣陶，卓骏.基于 SERVQUAL 的中国快递业服务质量评价实证研究［J］.科技管理研究，2011（8）：

38–45.

［66］杨可.基于游客满意的旅行社质量评价体系［D］.电子科技大学，2008.

［67］王海弘.导游员话语模式及其对旅游体验质量的影响———一种实证分析［D］.东北财经大学，2006.

［68］刘国强，关于导游服务质量对游客满意度和忠诚度影响的研究：以深圳旅游业为例［A］.国际管理与工程学会会议（CME 2014）［C］.DEStech 出版公司，上海工程大学学报，2014.8.

［69］刘晖.基于游客感知的导游服务质量管理［J］.商场现代化，2008（28）：94–95.

［70］李涛.如何提高导游人员基本素质［J］.环球市场信息导报，2015（48）：64–65.

［71］高亚芳.导游人员应加强服务工作价值的自我认知［J］.甘肃省经济管理干部学院学报，2003，16（2）：26–27.

［72］李冉.基于旅游者感知的泰安导游人员服务质量评价指标体系构建研究［J］.泰山学院学报，2013（4）：75–79.

［73］管斯维.基于顾客感知的文化礼仪公司服务质量管理研究［D］.苏州大学，2012.

［74］ 苏利波.从客户角度看服务质量——对客户感知质量模型的认识［J］.企业文化（下旬刊），2012（12）：64-65.

［75］ 陈瑜妍.演唱会服务质量评价要素体系研究——以上海流行歌手大型演唱会为例［D］.上海交通大学，2008.

［76］王莉.饭店外包业务服务质量控制对策研究［D］.浙江大学，2007.

［77］ 王海燕.基于顾客感知的婚纱影楼服务质量管理研究［D］.苏州大学，2008.

［78］孔海燕.加强导游员生态环保知识策略研究［J］.四川环境，2007（12）：106-108.

［79］ 程瑞云.企业职工凝聚力的重要性与有效措施分析［J］.企业文化（中旬刊），2014（4）：139-139.

［80］ 王俊丽.旅行社服务质量、价格认知对游客满意度及忠诚度的影响研究［D］.西南财经大学，2009.

［81］ 卢丽宁.南宁市旅行社服务质量游客满意感实证研究［J］.广西大学学报（哲学社会科学版），2006（4）：19-22.

［82］ 韩智慧.论关系营销在我国旅行社的应用［J］.现代经济信息，2014（11X）：381-382.

〔83〕 阚德涛. 移动通信顾客感知服务质量研究〔D〕. 南京邮电大学，2008.

〔84〕 林剑. 品牌权益、服务质量和顾客价值的关系研究——以快餐连锁店为例〔D〕. 浙江大学，2007.

〔85〕 吴明颖. 中华航空的服务营销策略研究〔D〕. 南开大学，2010.

〔86〕 徐国炯. 快速公交系统服务质量、乘客满意度与行为意愿研究——以杭州市为例〔D〕. 浙江工商大学，2008.

〔87〕 石蕊. 基于顾客体验的服务质量与顾客满意度的关系研究〔D〕. 河北工业大学，2007.

〔88〕 冯云. 旅游集散中心服务质量、顾客满意度与行为意愿研究——以杭州市旅游集散中心为例〔D〕. 浙江大学，2006.

〔89〕 闫庆军. 服务质量、关系质量与顾客忠诚感的关系研究——以杭州市体育健身业为例〔D〕. 浙江大学，2005.

〔90〕 丁猛. 我国大型超市零售业服务质量与顾客忠诚关系研究〔D〕. 江西财经大学，2009.

〔91〕 易英. 顾客参与与服务质量、顾客满意及行为意向的关系研究——基于家装行业的实证研究〔D〕. 浙江大学，

2006.

〔92〕 张福强. 我国商业银行服务质量与顾客满意度关系研究〔D〕. 中南大学, 2010.

〔93〕 周君. 服务质量对消费者购买意愿的影响研究〔D〕. 东北大学, 2012.

〔94〕 韩晶晶. C2C 电子商务平台服务质量与顾客满意及顾客忠诚关系研究〔D〕. 河北工业大学, 2009.

〔95〕 王俊丽. 旅行社服务质量、价格认知对游客满意度及忠诚度的影响研究〔D〕. 西南财经大学, 2009.

〔96〕 赵岩. 基于数据挖掘技术的消费者购车行为分析——以呼和浩特市为案例的研究〔D〕. 内蒙古工业大学, 2006.

〔97〕 张林屹. 住房消费客户信息数据挖掘研究〔D〕. 浙江大学, 2003.

〔98〕 侯兴起. 服务质量对顾客满意与顾客忠诚度的影响研究——以济南市高星级酒店为例〔D〕. 山东大学, 2008.

〔99〕 汪侠. 旅游地顾客满意度研究〔D〕. 桂林理工大学, 2004.

〔100〕 曹礼和, 桂美荣. 顾客满意的服务质量管理探讨〔J〕. 现代商贸工业, 2008, 20（10）: 41-43.

［101］苟巧玲．浅议市场调查问卷效度评估的方法选择及应注意的问题［J］.统计与咨询，2012（4）：22-23.

［102］王向东．中学区域地理的主题选择、目标构建和教学策略研究［D］.东北师范大学，2008.

［103］邱萍，魏玲丽，冉杰．旅游服务标准化建设现状与问题研究［J］.经济师，2015（7）：132-135.

［104］张红娟．导游职业倦怠成因及其对策探讨［D］.华中师范大学，2008.

［105］刘娜，王万建．基于导游员视角下的提高我国旅游服务质量对策研究［J］.华章，2013（2）.

［106］曹政．论当今立法下旅游行业服务的现状及完善［J］.华人时刊旬刊，2013（4）.

［107］李国荣．导游服务标准化现状、问题和对策分析［J］.青年时代，2015（19）：138-138

［108］王镜，马耀峰．提高导游服务质量的新视角——兼论我国导游管理和研究20年［J］.旅游学刊，2007，22(3)：64-70.

［109］王镜．旅游体验视角的导游培训改革［J］.合作经济与科技，2010（20）：42-45.

［110］张海珍，邢梅．导游讲解存在的问题及解决途径初探［J］.河北广播电视大学学报，2009，14（2）：

72–73.

　　［111］刘爱服.严格导游准入制度与健全导游管理体制的探讨［J］.旅游学刊，2011，26（5）：62–67.

　　［112］陈洁.浅谈贵阳市导游管理体制改革之路［J］.东方教育，2014（6）.

　　［113］孟迪云，赵芳.论我国导游职业机制的建立［J］.中南林业科技大学学报（社会科学版），2008，2（1）：67–68.

　　［114］刘晖.导游服务质量问题的根源分析与对策研究——基于利益相关者理论和游客感知视角［J］.旅游学刊，2009，24（1）：37–41.

　　［115］王文杰.导游工作满意度与离职倾向的关系研究［D］.山东大学，2010.

　　［116］刘双喜.日本社区养老模式的改革新动向及其启示［J］.青春岁月，2013（22）.

　　［117］孟迪云，赵芳.导游合法权益的缺失及法律保护［J］.特区实践与理论，2008（2）：94–96.

　　［118］赵爱华.导游协会应发挥哪些作用［J］.经营与管理，2012（8）：19–21.

　　［119］王薇.承德市导游人力资源发展规划研究［D］.河北工业大学，2007.

［120］魏娟.我国社会导游管理机构管理问题刍议［J］.商场现代化，2009（10）：44-45.

［121］蒲阳，苏黎.导游管理的新形式：导游服务公司［J］.商业时代，2005（18）：83-84.

［122］胡华.X、Y、Z理论在旅行社导游管理中的运用［J］.当代经济，2009（11）：62-65.

［123］王彦.导游员职业自我效能感和职业倦怠感研究［D］.河南大学，2010.

［124］张金霞.论导游的人性化管理［J］.中国市场，2007（1）：29-29.

［125］金玉玲.基于职业角度对社会导游管理模式的研究［J］.科技风，2012（5）：244-245.

［126］李长燕，苗亚军.永川区旅游业中导游管理存在的问题及解决措施［J］.中外企业家，2013（23）：41-42.

［127］刘佳.导游服务质量控制体系研究［D］.东南大学，2010.

［128］谢丽.对提高导游服务质量的探讨［J］.安徽冶金科技职业学院学报，2005，15（3）：117-119.

［129］王镜.旅游体验视角的导游培训改革［J］.合作经济与科技，2010（20）：42-45.

［130］王镜，马耀峰.提高导游服务质量的新视角——

兼论我国导游管理和研究 20 年［J］. 旅游学刊，2007，22（3）：64-70.

［131］李群，鲍彩莲. 辽宁省导游服务质量问题分析［J］. 现代商贸工业，2014，26（9）：93-94.

［132］雷爽. 我国对俄旅游业市场分析［D］. 黑龙江大学，2009.

［133］金玉玲. 导游自我管理下的服务质量的提升［J］. 滁州学院学报，2011，13（1）：73-74.

［134］左馨儒. 旅行社削价竞争分析［J］. 商场现代化，2014（23）：92-92.

［135］刘金晶. 旅行社经营管理不规范调查及对策研究——以中国康辉南京国际旅行社为例［J］. 才智，2014（11）.

［136］刘晓燕. 旅游团队"食物链"现象的成因与治理对策［D］. 西北大学，2010.

［137］黄玉良. 对港澳游同地游客与导游冲突的反思［J］. 管理学家，2011（6）.

［138］赵丽霞. 浅析现行法律对游客异地维权［J］. 职工法律天地，2016（6）.

［139］王文杰，杨莉. 旅游业"零负团费"问题探析［J］. 经济论坛，2011（1）：133-136.

附录一：旅行社游客调查问卷

尊敬的女士 / 先生：

您好！课题组正在进行旅行社服务质量和影响顾客满意因素的调查研究。本问卷为研究之用，采用匿名方式作答，恳请您抽出宝贵的时间帮助填答。您的参与对于我的研究非常重要，万分感谢您的支持！

第一部分个人基本信息

请根据实际情况填写您的个人资料，请在相应的项目前打"√"。

1. 性别：①男　②女

2. 年龄：① 20 岁以下　② 20～29 岁　③ 30～39 岁

　　　　④ 40～49 岁　⑤ 50～59 岁　⑥ 60 岁以上

3. 婚姻状况：①已婚　②未婚

4. 职业：①在职人员　②离退休人员

　　　　③学生　　　④自由职业者　　⑤其他

5. 平均月收入：① 1000 元以下　　② 1001～2000 元

③ 2001 ～ 3000 元　④ 3001 ～ 4000 元

⑤ 4001 ～ 5000 元　⑥ 5000 元以上

6. 教育程度：①高中以下　②高中　③大专

④本科　　　⑤硕士及以上

服务质量	非常不同意	不同意	中立	同意	非常同意
导游人员给你的第一印象较舒服	①	②	③	④	⑤
导游人员全程表现精力充沛	①	②	③	④	⑤
导游人员较幽默、语言（表达）能力较强	①	②	③	④	⑤
导游人员服务态度	①	②	③	④	⑤
导游人员服饰整洁、得体	①	②	③	④	⑤
导游人员举止大方	①	②	③	④	⑤
导游人员工作准时，总在约定时间做对应事情	①	②	③	④	⑤
导游人员行程介绍详细清晰	①	②	③	④	⑤
导游人员执行接待计划的执行力较强	①	②	③	④	⑤
导游人员介绍旅游目的地知识等详尽、专业、有较高的专业素养	①	②	③	④	⑤
导游人员介绍旅游目的地风俗深入	①	②	③	④	⑤
导游人员提供购物商店选择多样	①	②	③	④	⑤
导游人员讲解能力强（知识丰富可以回答游客提出的问题）	①	②	③	④	⑤
导游人员协调能力较强（与景区 / 购物场所等的协调）	①	②	③	④	⑤
导游人员较细心体贴，会常介绍安全注意事项	①	②	③	④	⑤
导游人员会介绍天气情况提醒注意事项	①	②	③	④	⑤
导游人员导购服务透明客观	①	②	③	④	⑤
餐饮服务较满意	①	②	③	④	⑤
应急能力强，处理事情（遇突发事件等）较妥当	①	②	③	④	⑤

续表

服务质量	非常不同意	不同意	中立	同意	非常同意
导游人员诚实可信	①	②	③	④	⑤
导游人员吃苦耐劳	①	②	③	④	⑤
导游人员语言流畅	①	②	③	④	⑤
导游人员尊重游客	①	②	③	④	⑤
导游人员会营造气氛（能创造友好的氛围）	①	②	③	④	⑤
导游人员总能热情待客	①	②	③	④	⑤
导游人员总是礼貌待客	①	②	③	④	⑤
导游人员善于和旅游者沟通	①	②	③	④	⑤
导游人员较热心会主动帮助旅游者	①	②	③	④	⑤
导游人员满足旅游者合理的要求	①	②	③	④	⑤

价格认知	非常不同意	不同意	中立	同意	非常同意
在实际购买后，我觉得该旅行社的价格是合理的	①	②	③	④	⑤
在实际购买后，我觉得所获得的服务相对于所支付的费用是值得的	①	②	③	④	⑤

游客满意度	非常不同意	不同意	中立	同意	非常同意
选择该旅行社是正确的决定	①	②	③	④	⑤
旅行社导游提供的服务与我的期望相符	①	②	③	④	⑤

附录二： 导游服务质量国家标准

GB/T 15971—1995

导游服务质量

Quality of tour-guide service

国家技术监督局发布 1995 年 12 月 22 日批准

1996 年 06 月 01 日实施

前　言

本标准的技术要求借鉴了旅游行业导游服务几十年实践工作经验、国家和部分企业的有关规章制度与导游工作规范，并参照了国外的相关资料。

本标准的附录 A 是标准的附录。

本标准由国家旅游局提出。

本标准由全国旅游标准化技术委员会归口并负责解释。

本标准起草单位：中国国际旅行社总社。

本标准主要起草人：张蓬昆、梁杰、范巨灵、朱彬、关莉。

导游服务质量评价体系构建研究

范　围

本标准规定了导游服务的质量要求，提出了导游服务过程中若干问题的处理原则。

本标准适用于各类旅行社的接待旅游者过程中提供的导游服务。

定　义

本标准采用下列定义。

旅行社 travel service

依法设立并具有法人资格，从事招徕、接待旅行者，组织旅游活动，实行独立核算的企业。

组团旅行社（简称组团社）domestic tour wholesaler

接受旅游团（者）或海外旅行社预定，制订和下达接待计划，并可提供全程陪同导游服务的旅行社。

接待旅行社（简称接待社）domestic land operator

接受组团社的委托，按照接待计划委派地方陪同导游人员，负责组织安排旅游团（者）在当地参观游览等活动的旅行社。

领　队

tour escort

受海外旅行社委派，全权代表该旅行社带领旅游团从事旅游活动的工作人员。

导游人员

tour guide

持有中华人民共和国导游资格证书、受旅行社委派、按照接待计划，从事陪同旅游团（者）参观、游览等工作的人员。导游人员包括全程陪同导游人员和地方陪同导游人员。

2.5.1　地方陪同导游人员（简称地陪）local guide

受接待旅行社委派，代表接待社实施接待计划，为旅游团（者）提供当地旅游活动安排、讲解、翻译等服务的导游人员。

2.5.2　全程陪同导游人员（简称全陪）national guide

受组团旅行社委派，作为组团社的代表，在领队和地方陪同导游人员的配合下实施接待计划，为旅游团（者）提供全旅程陪同服务的导游人员。

全陪服务

全陪服务是保证旅游团（者）的各项旅游活动按计划实施，旅行顺畅、安全的重要因素之一。

全陪作为组团社的代表，应自始至终参与旅游团（者）全旅程的活动，负责旅游团（者）移动中各环节的衔接，监督接待计划的实施，协调领队、地陪、司机等旅游接待人员的协作关系。

全陪应严格按照服务规范提供各项服务。

准备要求

准备工作是全陪服务的重要环节之一。

3.1.1　熟悉接待计划

上团前，全陪要认真查阅接待计划及相关资料，了解旅游团（者）的全面情况，注意掌握其重点和特点。

3.1.2　做好物质准备

上团前，全陪要做好必要的物质准备，携带必备的证件和有关资料。

3.1.3　与接待社联络

根据需要，接团的前一天，全陪应同接待社取得联系，互通情况，妥善安排好有关事宜。

首站要求

首站接团服务要使旅游团（者）抵达后能立即得到热情友好的接待，旅游者有宾至如归的感觉。

a）接团前，全陪应向接待社了解本站接待工作的详细安排情况；

b）全陪应提前半小时到接站地点迎候旅游团（者）；

c）接到旅游团（者）后，全陪应与领队核实有关情况；

d）全陪应协助领队向地陪交接行李；

e）全陪应代表组团社和个人向旅游团（者）致欢迎辞。欢迎辞应包括表示欢迎、自我介绍、表示提供服务的真诚愿望、预祝旅行顺利愉快等内容。

进住要求

进住饭店服务应使旅游团（者）进入饭店后尽快完成住宿登记手续、进住客房、取得行李。为此，全陪应积极主动地协助领队办理旅游团的住店手续，并热情地引导旅游者进入房间，还应协助有关人员随时处理旅游者进店过程中可能出现的问题。

核对日程

全陪应认真与领队核对、商定日程。如遇难以解决的问题，应及时反馈给组团社，并使领队得到及时的答复。

各站要求

全陪各站服务，应使接待计划得以全面顺利实施，各站之间有机衔接，各项服务适时、到位，保护好旅游者人身及财产安全，突发事件得到及时有效处理，为此：

a）全陪应向地陪通报旅游团的情况，并积极协助地陪工作；

b）监督各地服务质量，酌情提出改进意见和建议；

c）出现突发事件按附录 A（标准的附录）的有关原则执行。

离站要求

全陪应提前提醒地陪落实离站的交通票据及准确时间，

协助领队和地陪妥善办理离店事宜，认真做好旅游团（者）搭乘交通工具的服务。

途中要求

在向异地移动途中，无论乘坐何种交通工具，全陪应提醒旅游者注意人身和物品的安全；组织好娱乐活动，协助安排好饮食和休息，努力使旅游团（者）旅行充实、轻松、愉快。

末站要求

末站（离境站）的服务是全陪服务中最后的接待环节，要使旅游团（者）顺利离开末站（离境站），并留下良好的印象。

在当次旅行结束时，全陪应提醒旅游者带好自己的物品和证件，征求旅游者对接待工作的意见和建议，对旅途中的合作表示感谢，并欢迎再次光临。

遗留问题

下团后，全陪应认真处理好旅游团（者）的遗留问题。

全陪应认真、按时填写《全陪日志》或其他旅游行政管理部门（或组团社）所要求的资料。

地陪服务

地陪服务是确保旅游团（者）在当地参观游览活动的顺利，并充分了解和感受参观游览对象的重要因素之一。

地陪应按时做好旅游团（者）在本站的迎送工作；严格按照接待计划，做好旅游团（者）参观游览过程中的导游讲解工作和计划内的食宿、购物、文娱等活动的安排；妥善处理各方面的关系和出现的问题。

地陪应严格按照服务规范提供各项服务。

准备要求

做好准备工作，是地陪提供良好服务的重要前提。

4.1.1　熟悉接待计划

地陪应在旅游团（者）抵达之前认真阅读接待计划和有关资料，详细、准确地了解该旅游团（者）的服务项目和要求，重要事宜做好记录。

4.1.2　落实接待事宜

地陪在旅游团（者）抵达的前一天，应与各有关部门或人员落实、核查旅游团（者）的交通、食宿、行李运输等事宜。

4.1.3　做好物质准备

上团前，地陪应做好必要的物质准备，带好接待计划、导游证、胸卡、导游旗、接站牌、结算凭证等物品。

接站要求

在接站过程中，地陪服务应使旅游团（者）在接站地点得到及时、热情、友好的接待，了解在当地参观游览活动的概况。

4.2.1　旅游团（者）抵达前的服务安排

地陪应在接站出发前确认旅游团（者）所乘交通工具的

准确抵达时间。

地陪应提前半小时抵达接站地点，并再次核实旅游团（者）抵达的准确时间。

地陪应在旅游团（者）出站前与行李员取得联络，通知行李员行李送往的地点。地陪应与司机商定车辆停放的位置。

地陪应在旅游团（者）出站前持接站标志，站立在出站口醒目的位置热情迎接旅游者。

4.2.2 旅游团（者）抵达后的服务

旅游团（者）出站后，如旅游团中有领队或全陪，地陪应及时与领队、全陪接洽。

地陪应协助旅游者将行李放在指定位置，与领队、全陪核对行李件数无误后，移交给行李员。

地陪应及时引导旅游者前往乘车处。旅游者上车时，地陪应恭候在车门旁。上车后，应协助旅游者就座，礼貌地清点人数。

行车过程中，地陪应向旅游团（者）致欢迎辞并介绍本地概况。欢迎辞内容应包括：

a）代表所在接待社、本人及司机欢迎旅游者光临本地；

b）介绍自己姓名及所属单位；

c）介绍司机；

d）表示提供服务的诚挚愿望；

e）预祝旅游愉快顺利。

入店要求

地陪服务应使旅游者抵达饭店后尽快办理好入店手续，进住房间，取到行李，及时了解饭店的基本情况和住店注意事项，熟悉当天或第二天的活动安排，为此地陪应在抵达饭店的途中向旅游者简单介绍饭店情况及入店、住店的有关注意事项，内容应包括：

a）饭店名称和位置；

b）入店手续；

c）饭店的设施和设备的使用方法；

d）集合地点及停车地点。

旅游团（者）抵达饭店后，地陪应引导旅游者到指定地点办理入店手续。

旅游者进入房间之前，地陪应向旅游者介绍饭店内就餐形式、地点、时间，并告知有关活动的时间安排。

地陪应等待行李送达饭店，负责核对行李，督促行李员及时将行李送至旅游者房间。

地陪在结束当天活动离开饭店之前，应安排好叫早服务。

核对安排

旅游团（者）开始参观游览之前，地陪应与领队、全陪核对、商定本地节目安排，并及时通知到每一位旅游者。

讲解要求

参观游览过程中的地陪服务，应努力使旅游团（者）参观游览全过程安全、顺利。应使旅游者详细了解参观游览对象的特色、历史背景等及其他感兴趣的问题。

4.5.1　出发前的服务

出发前，地陪应提前 10 分钟到达集合地点，并督促司机做好出发前的各项准备工作。

地陪应请旅游者及时上车。上车后，地陪应清点人数，向旅游者报告当日重要新闻、天气情况及当日活动安排，包括午、晚餐的时间、地点。

4.5.2　抵景点途中的讲解

在前往景点的途中，地陪应根据时间要求向旅游者介绍本地的风土人情、自然景观、景区概况，回答旅游者提出的问题。

抵达景点前，地陪应向旅游者介绍该景点的简要情况，尤其是景点的历史价值和特色。抵达景点时，地陪应告知在景点停留的时间，以及参观游览结束后集合的时间和地点。地陪还应向旅游者讲明游览过程中的有关注意事项。

4.5.3　景点导游、讲解

抵达景点后，地陪应对景点进行讲解。讲解内容应繁简适度，应包括该景点的历史背景、特色、地位、价值等方面的内容。讲解的语言应生动，富有表达力。

在景点导游的过程中，地陪应保证在计划的时间与费用内，旅游者能充分地游览、观赏，做到讲解与引导游览相结合，适当集中与分散相结合，劳逸适度，并应特别关照老弱病残的旅游者。

在景点导游的过程中，地陪应注意旅游者的安全，要自始至终与旅游者在一起活动，并随时清点人数，以防旅游者走失。

就餐要求

旅游团（者）就餐时，地陪的服务应包括：

a）简单介绍餐馆及其菜肴的特色；

b）引导旅游者到餐厅入座，并介绍餐馆的有关设施；

c）向旅游者说明酒水的类别；

d）解答旅游者在用餐过程中的提问，解决出现的问题。

购物要求

旅游团（者）购物时，地陪应：

a）向旅游团（者）介绍本地商品的特色；

b）随时提供旅游者在购物过程中所需要的服务，如翻译、介绍托运手续等。

文娱要求

4.8　旅游团（者）观看文娱节目时对地陪的服务要求

旅游团（者）观看计划内的文娱节目时，地陪的服务应包括：

a）简单介绍节目内容及其特点；

b）引导旅游者入座。

在旅游团（者）观看节目过程中，地陪应自始至终坚守岗位。

结束要求

旅游团（者）在结束当日活动时，地陪应询问其对当日活动安排的反应，并宣布次日的活动日程、出发时间及其他有关事项。

送站要求

旅游团（者）结束本地参观游览活动后，地陪服务应使旅游者顺利、安全离站，遗留问题得到及时妥善的处理。

a）旅游团（者）离站的前一天，地陪应确认交通票据及离站时间，通知旅游者移交行李和与饭店结账的时间；

b）离饭店前，地陪应与饭店行李员办好行李交接手续；

c）地陪应诚恳征求旅游者对接待工作的意见和建议，并祝旅游者旅途愉快；

d）地陪应将交通和行李票证移交给全陪、领队或旅游者；

e）地陪应在旅游团（者）所乘交通工具起动后方可离开；

f）如系旅游团（者）离境，地陪应向其介绍办理出境手续的程序。如系乘机离境，地陪还应提醒或协助领队或旅游者提前 72 小时确认机座。

处理问题

下团后，地陪应认真处理好旅游团（者）的遗留问题。

基本素质

为保证导游服务质量，导游人员应具备以下基本素质。

爱国主义

导游人员应具有爱国主义意识，在为旅游者提供热情有效服务的同时，要维护国家的利益和民族的自尊。

法规意识

5.2.1 遵纪守法

导游人员应认真学习并模范遵守有关法律及规章制度。

5.2.2 遵守公德

导游人员应讲文明，模范遵守社会公德。

5.2.3 尽职敬业

导游人员应热爱本职工作，不断检查和改进自己的工作，努力提高服务水平。

5.2.4 维护旅游者的合法权益

导游人员应有较高的职业道德，认真完成旅游接待计划所规定的各项任务，维护旅游者的合法权益。对旅游者所提出的计划外的合理要求，经主管部门同意，在条件允许的情况下应尽力予以满足。

业务水平

5.3.1 能力

导游人员应具备较强的组织、协调、应变等办事能力。

无论是外语、普通话、地方语和少数民族语言导游人员，都应做到语言准确、生动、形象、富有表达力，同时注意使用礼貌用语。

5.3.2 知识

导游人员应有较广泛的基本知识，尤其是政治、经济、历史、地理及国情、风土习俗等方面的知识。

仪容仪表

导游人员应穿工作服或指定的服装，服装要整洁、得体。

导游人员应举止大方、端庄、稳重，表情自然、诚恳、和蔼，努力克服不合礼仪的生活习惯。

监督检查

各旅行社应建立健全导游服务质量的检查机构，依据本标准对导游服务进行监督检查。

旅游行政管理部门依据本标准检查导游服务质量，受理旅游者对导游服务质量的投诉。

附录原则

路线变更

A1.1　旅游团（者）要求变更计划行程

旅游过程中，旅游团（者）提出变更路线或日程的要求时，导游人员原则上应按合同执行，特殊情况报组团社。

A1.2　客观原因需要变更计划行程

旅游过程中，因客观原因需要变更路线或日程时，导游人员应向旅游团（者）做好解释工作，及时将旅游团（者）的意见反馈给组团社和接待社，并根据组团社或接待社的安排做好工作。

丢失物品

当旅游者丢失证件或物品时，导游人员应详细了解丢失情况，尽力协助寻找，同时报告组团社或接待社，根据组团社或接待社的安排协助旅游者向有关部门报案，补办必要的手续。

丢失行李

当旅游者的行李丢失或损坏时，导游人员应详细了解丢失或损坏情况，积极协助查找责任者。当难以找出责任者时，导游人员应尽量协助当事人开具有关证明，以便向投保公司索赔，并视情况向有关部门报告。

伤病问题

A4.1　旅游者伤病

旅游者意外受伤或患病时，导游人员应及时探视，根据患者的实际病况，协助患者进行自救。如有需要，导游人员应陪同患者前往医院就诊。严禁导游人员擅自给患者用药。

A4.2　旅游者病危

旅游者病危时，导游人员应立即协同领队或亲友送患者去急救中心或医院抢救，或请医生前来抢救。患者如是某国际急救组织的投保者，导游人员还应提醒领队及时与该组织的代理机构联系。

在抢救过程中，导游人员应要求旅游团的领队或患者亲友在场，并详细地记录患者患病前后的症状及治疗情况。

在抢救过程中，导游人员应随时向当地接待社反映情况；还应提醒领队及时通知患者亲属，如患者是外籍人士，导游人员应提醒领队通知患者所在国驻华使（领）馆；同时妥善安排好旅游团其他旅游者的活动。全陪应继续随团旅行。

A4.3　旅游者死亡

出现旅游者死亡的情况时，导游人员应立即向当地接待社报告，由当地接待社按照国家有关规定做好善后工作，同时导游人员应稳定其他旅游者的情绪，并继续做好旅游团的接待工作。

如系非正常死亡，导游人员应注意保护现场，并及时报告当地有关部门。

其他

如遇上述之外的其他问题，导游人员应在合理与可能的前提下，积极协助有关人员予以妥善处理。

附录三：导游服务管理实施办法（征求意见稿）

第一章　总则

第一条　为加强导游队伍建设，深化导游体制改革，保障导游合法权益，为旅游者提供优质导游服务，依据《中华人民共和国旅游法》《导游人员管理条例》《旅行社条例》，制定本办法。

第二条　旅游主管部门对从事导游活动实行行政许可制度，对导游技能水平实行等级考核制度，对导游服务水平实行星级评价制度。

第三条　导游行业组织应当维护导游权益，促进导游职业发展，加强导游行业自律；旅行社等用人单位应当履行管理、培训义务，保障导游合法劳动权益，提升导游服务质量；导游应当恪守职业道德，提升服务水平，自觉维护导游队伍形象。

附录三：导游服务管理实施办法（征求意见稿）

第四条　鼓励社会各界积极弘扬导游队伍先进典型，优化导游执业环境，促进导游队伍的健康稳定发展。

第五条　旅游主管部门通过全国旅游监管服务信息系统对导游实施动态监管。

第二章　导游证的申领、变更和注销

第六条　取得导游人员资格证的人员从事导游活动，应当与旅行社签订劳动合同或在导游行业组织注册，并向所在地旅游主管部门提交申请材料，申请办理导游证。

所在地旅游主管部门是指依法取得导游证核发权限的县级以上旅游主管部门。

第七条　申请人在导游行业组织注册时，提交以下材料：

（一）身份证；

（二）导游资格证；

（三）本人照片；

（四）注册申请表。

导游行业组织在接受申请人注册时不得收取费用。

第八条　旅行社应当要妥善保存劳动合同，并按照劳动保障相关法律规定，为导游申请办理社会保险登记，缴纳社会保险费用。

第九条　申请人与旅行社签订劳动合同或在导游行业组织注册后，通过全国旅游监管服务信息系统申请办理导游证，旅行社或导游行业组织在三个工作日内对申请人的基本信息完成核实。

第十条 申请人经旅行社或注册机构完成信息核实后，通过全国旅游监管服务信息系统上传以下申请材料，申请办理导游证：

（一）身份证；

（二）未患有传染性疾病的承诺；

（三）无犯罪记录的承诺。

申请人完成申请材料上传后，所在地旅游主管部门应当做出受理或不予受理的决定。需补正相关材料的，应当自收到申请材料之日起，即时或五日内一次性告知申请人予以补正，逾期不告知的，完成申请材料上传之日起即为受理。

所在地旅游主管部门应当自受理申请之日起，十个工作日内对核发导游证申请做出许可或不予许可的决定。不予许可的，应当告知申请人不予许可的理由。

第十一条 具有下列情形的，不予核发导游证：

（一）无民事行为能力或者限制民事行为能力；

（二）患有甲类、乙类以及其他可能危害旅游者健康和安全的传染性疾病；

（三）三年内受过刑事处罚，过失犯罪的除外；

（四）因违反法律规定被吊销导游证，自处罚之日起未逾三年。

第十二条　国务院旅游主管部门制定电子导游证，各级旅游主管部门通过全国旅游监管服务信息系统开展具体管理。

电子导游证是导游执业证，以电子数据形式保存于导游个人的移动电话等移动终端设备中。

"导游身份标识"是电子导游证的外在表现形式，便于执法检查和旅游者识别。"导游身份标识"的标准由国务院旅游主管部门制定。

第十三条　导游首次申领电子导游证，经所在地旅游主管部门审批通过后，由所在地旅游主管部门或其委托的导游行业组织统一制作并发放"导游身份标识"。导游可前往领取或自愿选择邮寄方式送达。

第十四条　导游姓名、身份证号、等级、星级、语种发生变化，应当申请变更导游证信息，旅行社或导游行业组织在三个工作日内对信息变更情况核实完毕后，由所在地旅游主管部门在五个工作日内审核通过。所在地旅游主管部门或其委托的导游行业组织重新制作并发放"导游身份标识"。

第十五条　导游与旅行社订立的劳动合同解除、终止，或者在旅游行业组织取消注册后，旅行社或行业组织应当在五个工作日内通过全国旅游监管服务信息系统，将信息变更情况告知旅游主管部门。

　　导游继续执业的，应当在一个月内重新签订劳动合同或在导游行业组织注册。导游于所在地行政区域内变更旅行社或行业组织的，应当按照本办法第十四条规定变更导游证信息。

　　导游超过一个月未重新签订劳动合同或在导游行业组织注册的，视为不再继续执业，由原所在地旅游主管部门注销其导游证。

　　第十六条　导游于所在地行政区域之外变更旅行社或导游行业组织的，应当通过全国旅游监管服务信息系统提出所在地变更申请，原旅行社或导游行业组织应当在三个工作日内核实完毕，逾期未核实的，视为核实通过。

　　申请人因涉嫌违法违规事项正在接受旅游主管部门的调查，原所在地旅游主管部门应当在五个工作日内审核通过转出申请。

　　转出申请通过后，转入地旅行社或导游行业组织应当在三个工作日内对导游基本信息完成核实，转入地旅游主管部门应当于五个工作日内审核通过转入申请。由转入地旅游主管部门或其委托的导游行业组织重新制作并发放"导游身份标识"。

　　第十七条　导游于所在地以外执业连续达到三十日，或三个月内累计达到三十日的，应当申请变更旅行社或导游行业组织，并按照本办法第十六条的规定变更所在地信息。

第十八条　导游的其他信息发生变化，应当申请变更导游证信息并提供相应材料。所在地旅游主管部门收到变更申请及相关材料后，于五个工作日内审核通过，并相应变更导游证信息，无须更换"导游身份标识"。

因"导游身份标识"磨损影响使用的，或"导游身份标识"丢失的，可向所在地旅游主管部门申请重新领取，所在地旅游主管部门在十个工作日内予以制作发放。

第十九条　导游证的有效期为三年。导游需要在有效期届满后继续从事导游活动的，应当在有效期限届满前三个月内，通过全国旅游监管服务信息系统向所在地旅游主管部门申请继续从业。

旅行社或导游行业组织在三个工作日内核实导游信息后，由申请人上传未患有传染性疾病的承诺、无犯罪记录的承诺，所在地旅游主管部门于十个工作日内依法审核通过。由所在地旅游主管部门或其委托的导游行业组织重新制作并发放"导游身份标识"。

导游证有效期届满，导游未申请继续从业的，由所在地旅游主管部门注销导游证。

第二十条　导游出现本办法第十一条情形的，由所在地旅游主管部门注销其导游证。

第二十一条　导游因本办法第十五条第三款、第二十条的规定注销导游证后，申请重新从业的，应当按照本办法第六条的规定重新办理导游证。

第三章　导游执业管理

第二十二条　导游为旅游者提供服务应当接受旅行社委派。导游在开展自由执业试点的地区，可自主选择从事自由执业或接受旅行社委派执业。

第二十三条　导游执业应当携带电子导游证、佩戴导游身份标识，并开启导游执业相关应用软件从事导游业务。

第二十四条　导游在执业过程中应当履行下列职责：

（一）自觉维护国家利益和民族尊严；

（二）遵守职业道德，维护职业形象，文明诚信服务；

（三）按照旅游合同，提供导游服务，讲解相关法律法规、人文自然资源、风俗习惯、宗教禁忌及其他有关注意事项；

（四）尊重旅游者的人格尊严、宗教信仰、民族风俗和生活习惯；

（五）引导文明旅游，向旅游者告知和解释文明行为规范、不文明行为可能产生的后果，引导旅游者健康、文明旅游，劝阻旅游者违反法律法规、社会公德、文明礼仪规范等行为；

（六）从事领队业务的导游，应当协助旅游者办理出入境手续，协调、监督境外地接社及从业人员履行合同，维护旅游者的合法权益；不得组织旅游者参与涉及色情、赌博、毒品内容等违反我国法律规定的活动。

第二十五条　导游在执业过程中应当对可能危及旅游者人身、财产安全的事项，向旅游者做出真实的说明和明确的警示，并按照组团社的要求，采取必要的防范措施。

第二十六条　在突发事件发生后，导游应当立即采取下列必要的处置措施：

（一）向组团社报告，必要时应当依法直接向旅游主管部门或其他部门报告，在境外发生的，还应当报告我国驻外机构、当地警方；

（二）根据组团社的要求，调整或终止行程。必要时可根据旅游主管部门、有关机构的要求，采取停止带团前往风险区域、撤离风险区域等避险措施，避免危害的进一步扩大；

（三）救助或协助受困旅游者。

第二十七条　导游从事导游活动，不得有下列行为：

（一）擅自变更旅游行程或终止旅游服务；

（二）违反旅游合同约定，安排购物和另行付费项目；

（三）以隐瞒事实、提供虚假情况等方式，诱骗旅游者违背自己的真实意愿，参加购物活动或者另行付费等消费项目；

（四）以殴打、弃置、限制活动自由、恐吓、侮辱、咒骂等方式，强迫或者变相强迫旅游者参加购物活动、另行付费等消费项目；

（五）以回扣、佣金、人头费或者奖励费等名义，获取相关经营者给予的财物；

（六）推荐非法营业、未向社会公众开放的经营场所；

（七）向旅游者兜售物品；

（八）向旅游者索取小费；

（九）法律法规规定的诱导、欺骗、强迫消费的其他行为。

第二十八条　导游人员从事领队业务，应当具有下列条件：

（一）取得导游证；

（二）具有大专以上学历；

（三）取得相关语言水平测试等级证书或通过外语语种导游资格考试，但为赴港澳台地区旅游委派的领队除外；

（四）具有两年以上旅行社业务经营、管理或者导游等相关从业经历；

（五）与委派其从事领队业务的取得出境旅游业务经营许可的旅行社订立劳动合同。

边境旅游领队的条件，由边境地区省、自治区另行规定。赴台游领队的条件还应当符合《大陆居民赴台湾地区旅游管理办法》规定的要求。

第二十九条　导游人员从事领队业务，应当符合下列规定：

（一）接受具有相应业务经营范围的旅行社委派；

（二）掌握相关旅游目的地国家（地区）语言或者英语；

（三）不得委托他人代为提供领队服务。

第三十条　旅行社应当将本单位从事领队业务的导游信息及变更情况，通过全国旅游监管服务信息系统备案。领队备案信息包括：身份信息、导游资格证号、导游证号、学历水平、语种、语言等级（外语导游）、工作单位、工作单位社会保险登记证号、从业经历、奖惩信息及其他必要信息。

第三十一条　旅行社变更从事领队业务的导游人员名单的，应当在全国旅游监管服务信息系统上进行删除或增加。旅行社未及时进行变更的，从事领队业务的导游人员名单以备案为准。

第四章　导游执业保障与激励机制

第三十二条　导游在从事导游活动时，其人格尊严受到尊重，人身安全不受侵犯，合法劳动权益应当予以保障。旅行社等用人单位应当维护女性导游执业安全，为女性导游提供执业便利。导游有权拒绝下列要求：

（一）侮辱其人格尊严的要求；

（二）违反其职业道德的不合理要求；

（三）与我国民族风俗习惯不符的要求；

（四）可能危害其人身安全的要求；

（五）法律、法规和规章禁止的其他行为。

第三十三条　旅行社应当与其聘用的未与其他单位建立劳动关系或人事关系的导游签订劳动合同，且劳动合同应当在一个月以上。导游选择自由执业的除外。

第三十四条　旅行社等用人单位应当向导游支付基本工资、带团补贴等劳动报酬，并为导游缴纳社会保险费用。开展导游自由执业的机构应当按照相关规定保障导游合法收入。

第三十五条　导游应当在"旅游车辆导游专座"就座，并避免站立讲解。旅行社团队旅游计划中，游客与导游总人数不得超过车辆核定乘员数。

第三十六条　星级评价制度是导游服务能力的综合评价体系。星级评价指标由技能水平、执业经历、社会评价、培训时长、奖惩情况等构成。导游具有各相关条件后，将通过全国旅游监管服务信息系统自动生成导游星级，并根据导游执业情况每年度更新一次。导游星级评价标准由国务院旅游主管部门另行制定。

旅游主管部门、导游行业组织、旅行社等用人单位应当通过全国旅游监管服务信息系统及时关注导游奖惩情况。

第三十七条　旅游主管部门应当积极组织开展针对导游的培训，培训内容应当包括突发事件应对、文明服务、文明引导等内容。培训不得向参加人员收取费用。

旅行社等用人单位、提供导游自由执业业务的机构应当对导游进行包括安全生产、岗位技能、文明服务、文明引导等在内的岗前培训和执业培训。

导游应当参加旅游主管部门、旅行社开展的安全生产、突发事件应对、文明引导内容的培训；鼓励导游积极参加其他培训，提高服务水平。

第三十八条　导游等级考核标准和等级考核办法，由国务院旅游主管部门另行制定。

第五章　法律责任

第三十九条　申请人隐瞒有关情况或提供虚假材料申请导游证的，所在地旅游主管部门不予受理或者不予许可，并给予警告，申请人在一年内不得再次申请核发导游证。

申请人以隐瞒有关情况或提供虚假材料等不正当手段取得导游证的，所在地旅游主管部门应当对核发导游证行政许可予以撤销，申请人在三年内不得再次申请核发导游证；构成犯罪的，依法追究刑事责任。

导游在导游星级评定过程中提供虚假资料的，由导游旅游主管部门予以警告并相应地调整星级，视情节列入旅游从业人员诚信记录、不文明记录。

第四十条　旅行社在核实导游信息过程中，隐瞒劳动合同签订状况，提供虚假信息的，由旅游主管部门处以 5000 元以上 5 万元以下罚款，将违法违规线索移交人力资源与社会保障部门处理；情节严重的，责令停业整顿。

第四十一条　未取得导游证从事导游活动的，由旅游主管部门责令改正，没收违法所得，并处 1000 元以上一万元以下罚款，予以公告。

第四十二条　旅行社违反本办法第十五条规定，未履行告知义务的，由旅游主管部门责令改正；情节严重的，处以一万元以下罚款。

第四十三条　导游违反办法规定，有下列情形之一的，由旅游主管部门责令改正，拒不改正的，处 1000 元以下罚款，暂扣导游证 3 ～ 6 个月。

（一）导游从事导游活动时，未携带导游证，未佩戴"导游身份标识的"；

（二）未开启导游执业相关应用软件从事导游活动，经执法人员提示仍拒不开启的；

（三）未按照本办法规定申请变更导游证信息的。

第四十四条　从事领队业务的导游，未要求境外接待社不得组织旅游者参与涉及色情、赌博、毒品内容的活动或者危险性活动，或者在境外接待社违反前述要求时未制止的，由旅游主管部门处 2000 元以上 2 万元以下罚款；情节严重的，暂扣或吊销其导游证。

第四十五条　导游违反本办法第二十五条规定的，由旅游行政部门责令改正，给予警告；情节严重的，对组团社处以 2000 元以上 2 万元以下罚款，对旅游团队领队可以暂扣至吊销其导游证。

第四十六条　导游在突发事件或者旅游安全事故发生后，未履行报告义务的，由旅游主管部门予以警告，可暂扣导游证 3 ～ 6 个月。

第四十七条　导游违反本办法第二十七条规定的，由旅游主管部门责令改正，处 2000 元以上 2 万元以下罚款；情节严重的，暂扣或吊销导游证，构成犯罪的依法追究刑事责任；对委派该导游人员的旅行社给予警告至停业整顿。

第四十八条　导游违反本办法第二十八条、二十九条规定从事领队业务的，由旅游主管部门责令改正，没收违法所得，并处违法所得三倍以下不超过人民币 3 万元的罚款；没有违法所得的，可处人民币一万元以下罚款；情节严重的，暂扣导游证 3 ～ 6 个月。

第四十九条　旅行社违反本办法规定，有下列行为之一的，按照《旅游法》第九十六条处罚：

（一）委派不具有领队条件的人员提供领队服务；

（二）委派未在旅游主管部门备案的人员从事领队工作的；

（三）未委派掌握旅游目的地国家（地区）语言或者英语领队的。

第五十条　导游不按规定接受培训的，由旅游主管部门责令改正，暂扣导游证三个月。旅行社不按规定开展导游培训的，由旅游主管部门责令改正，予以警告。

第五十一条　旅游主管部门、全国旅游监管服务信息系统、导游行业组织及旅行社工作人员，以及导游篡改、伪造数据和材料，由旅游主管部门予以处理；情节严重的，可依据相关规定取消其开展有关业务的资格。触犯刑法的，移交司法机关处理。

第六章　附　则

第五十二条　本办法所称"以上""以下"均包括本数。

第五十三条　本办法自　年　月　日起施行。

国家旅游局办公室 2017 年 3 月 23 日印发

附录四：中华人民共和国旅游法

（2013 年 4 月 25 日第十二届全国人民代表大会常务委员会第 2 次会议通过）

第一章 总则

第一条 为保障旅游者和旅游经营者的合法权益，规范旅游市场秩序，保护和合理利用旅游资源，促进旅游业持续健康发展，制定本法。

第二条 在中华人民共和国境内的和在中华人民共和国境内组织到境外的游览、度假、休闲等形式的旅游活动以及为旅游活动提供相关服务的经营活动，适用本法。

第三条 国家发展旅游事业，完善旅游公共服务，依法保护旅游者在旅游活动中的权利。

第四条 旅游业发展应当遵循社会效益、经济效益和生态效益相统一的原则。国家鼓励各类市场主体在有效保护旅游资源的前提下，依法合理利用旅游资源。利用公共资源建设的游览场所应当体现公益性质。

第五条　国家倡导健康、文明、环保的旅游方式，支持和鼓励各类社会机构开展旅游公益宣传，对促进旅游业发展做出突出贡献的单位和个人给予奖励。

第六条　国家建立健全旅游服务标准和市场规则，禁止行业垄断和地区垄断。旅游经营者应当诚信经营，公平竞争，承担社会责任，为旅游者提供安全、健康、卫生、方便的旅游服务。

第七条　国务院建立健全旅游综合协调机制，对旅游业发展进行综合协调。

县级以上地方人民政府应当加强对旅游工作的组织和领导，明确相关部门或者机构，对本行政区域的旅游业发展和监督管理进行统筹协调。

第八条　依法成立的旅游行业组织，实行自律管理。

第二章　旅游者

第九条　旅游者有权自主选择旅游产品和服务，有权拒绝旅游经营者的强制交易行为。

旅游者有权知悉其购买的旅游产品和服务的真实情况。

旅游者有权要求旅游经营者按照约定提供产品和服务。

第十条　旅游者的人格尊严、民族风俗习惯和宗教信仰应当得到尊重。

第十一条　残疾人、老年人、未成年人等旅游者在旅游活动中依照法律、法规和有关规定享受便利和优惠。

第十二条　旅游者在人身、财产安全遇有危险时，有请求救助和保护的权利。

旅游者人身、财产受到侵害的，有依法获得赔偿的权利。

第十三条　旅游者在旅游活动中应当遵守社会公共秩序和社会公德，尊重当地的风俗习惯、文化传统和宗教信仰，爱护旅游资源，保护生态环境，遵守旅游文明行为规范。

第十四条　旅游者在旅游活动中或者在解决纠纷时，不得损害当地居民的合法权益，不得干扰他人的旅游活动，不得损害旅游经营者和旅游从业人员的合法权益。

第十五条　旅游者购买、接受旅游服务时，应当向旅游经营者如实告知与旅游活动相关的个人健康信息，遵守旅游活动中的安全警示规定。

旅游者对国家应对重大突发事件暂时限制旅游活动的措施以及有关部门、机构或者旅游经营者采取的安全防范和应急处置措施，应当予以配合。

旅游者违反安全警示规定，或者对国家应对重大突发事件暂时限制旅游活动的措施、安全防范和应急处置措施不予配合的，依法承担相应责任。

第十六条　出境旅游者不得在境外非法滞留，随团出境的旅游者不得擅自分团、脱团。

入境旅游者不得在境内非法滞留，随团入境的旅游者不得擅自分团、脱团。

第三章　旅游规划和促进

第十七条　国务院和县级以上地方人民政府应当将旅游业发展纳入国民经济和社会发展规划。

国务院和省、自治区、直辖市人民政府以及旅游资源丰富的设区的市和县级人民政府，应当按照国民经济和社会发展规划的要求，组织编制旅游发展规划。对跨行政区域且适宜进行整体利用的旅游资源进行利用时，应当由上级人民政府组织编制或者由相关地方人民政府协商编制统一的旅游发展规划。

第十八条　旅游发展规划应当包括旅游业发展的总体要求和发展目标，旅游资源保护和利用的要求和措施，以及旅游产品开发、旅游服务质量提升、旅游文化建设、旅游形象推广、旅游基础设施和公共服务设施建设的要求和促进措施等内容。

根据旅游发展规划，县级以上地方人民政府可以编制重点旅游资源开发利用的专项规划，对特定区域内的旅游项目、设施和服务功能配套提出专门要求。

第十九条 旅游发展规划应当与土地利用总体规划、城乡规划、环境保护规划以及其他自然资源和文物等人文资源的保护和利用规划相衔接。

第二十条 各级人民政府编制土地利用总体规划、城乡规划，应当充分考虑相关旅游项目、设施的空间布局和建设用地要求。规划和建设交通、通信、供水、供电、环保等基础设施和公共服务设施，应当兼顾旅游业发展的需要。

第二十一条 对自然资源和文物等人文资源进行旅游利用，必须严格遵守有关法律、法规的规定，符合资源、生态保护和文物安全的要求，尊重和维护当地传统文化和习俗，维护资源的区域整体性、文化代表性和地域特殊性，并考虑军事设施保护的需要。有关主管部门应当加强对资源保护和旅游利用状况的监督检查。

第二十二条 各级人民政府应当组织对本级政府编制的旅游发展规划的执行情况进行评估，并向社会公布。

第二十三条 国务院和县级以上地方人民政府应当制定并组织实施有利于旅游业持续健康发展的产业政策，推进旅游休闲体系建设，采取措施推动区域旅游合作，鼓励跨区域旅游线路和产品开发，促进旅游与工业、农业、商业、文化、卫生、体育、科教等领域的融合，扶持少数民族地区、革命老区、边远地区和贫困地区旅游业发展。

第二十四条　国务院和县级以上地方人民政府应当根据实际情况安排资金，加强旅游基础设施建设、旅游公共服务和旅游形象推广。

第二十五条　国家制定并实施旅游形象推广战略。国务院旅游主管部门统筹组织国家旅游形象的境外推广工作，建立旅游形象推广机构和网络，开展旅游国际合作与交流。

县级以上地方人民政府统筹组织本地的旅游形象推广工作。

第二十六条　国务院旅游主管部门和县级以上地方人民政府应当根据需要建立旅游公共信息和咨询平台，无偿向旅游者提供旅游景区、线路、交通、气象、住宿、安全、医疗急救等必要信息和咨询服务。设区的市和县级人民政府有关部门应当根据需要在交通枢纽、商业中心和旅游者集中场所设置旅游咨询中心，在景区和通往主要景区的道路设置旅游指示标识。

旅游资源丰富的设区的市和县级人民政府可以根据本地的实际情况，建立旅游客运专线或者游客中转站，为旅游者在城市及周边旅游提供服务。

第二十七条　国家鼓励和支持发展旅游职业教育和培训，提高旅游从业人员素质。

第四章　旅游经营

第二十八条　设立旅行社，招徕、组织、接待旅游者，为其提供旅游服务，应当具备下列条件，取得旅游主管部门的许可，依法办理工商登记：

（一）有固定的经营场所；

（二）有必要的营业设施；

（三）有符合规定的注册资本；

（四）有必要的经营管理人员和导游；

（五）法律、行政法规规定的其他条件。

第二十九条　旅行社可以经营下列业务：

（一）境内旅游；

（二）出境旅游；

（三）边境旅游；

（四）入境旅游；

（五）其他旅游业务。

旅行社经营前款第二项和第三项业务，应当取得相应的业务经营许可，具体条件由国务院规定。

第三十条　旅行社不得出租、出借旅行社业务经营许可证，或者以其他形式非法转让旅行社业务经营许可。

第三十一条　旅行社应当按照规定交纳旅游服务质量保证金，用于旅游者权益损害赔偿和垫付旅游者人身安全遇有危险时紧急救助的费用。

第三十二条　旅行社为招徕、组织旅游者发布信息，必须真实、准确，不得进行虚假宣传，误导旅游者。

第三十三条 旅行社及其从业人员组织、接待旅游者，不得安排参观或者参与违反我国法律、法规和社会公德的项目或者活动。

第三十四条 旅行社组织旅游活动应当向合格的供应商订购产品和服务。

第三十五条 旅行社不得以不合理的低价组织旅游活动，诱骗旅游者，并通过安排购物或者另行付费旅游项目获取回扣等不正当利益。

旅行社组织、接待旅游者，不得指定具体购物场所，不得安排另行付费旅游项目。但是，经双方协商一致或者旅游者要求，且不影响其他旅游者行程安排的除外。

发生违反前两款规定情形的，旅游者有权在旅游行程结束后三十日内，要求旅行社为其办理退货并先行垫付退货货款，或者退还另行付费旅游项目的费用。

第三十六条 旅行社组织团队出境旅游或者组织、接待团队入境旅游，应当按照规定安排领队或者导游全程陪同。

第三十七条 参加导游资格考试成绩合格，与旅行社订立劳动合同或者在相关旅游行业组织注册的人员，可以申请取得导游证。

第三十八条 旅行社应当与其聘用的导游依法订立劳动

合同、支付劳动报酬、缴纳社会保险费用。

旅行社临时聘用导游为旅游者提供服务的，应当全额向导游支付本法第六十条第三款规定的导游服务费用。

旅行社安排导游为团队旅游提供服务的，不得要求导游垫付或者向导游收取任何费用。

第三十九条 从事领队业务，应当取得导游证，具有相应的学历、语言能力和旅游从业经历，并与委派其从事领队业务的取得出境旅游业务经营许可的旅行社订立劳动合同。

第四十条 导游和领队为旅游者提供服务必须接受旅行社委派，不得私自承揽导游和领队业务。

第四十一条 导游和领队从事业务活动，应当佩戴导游证，遵守职业道德，尊重旅游者的风俗习惯和宗教信仰，应当向旅游者告知和解释旅游文明行为规范，引导旅游者健康、文明旅游，劝阻旅游者违反社会公德的行为。

导游和领队应当严格执行旅游行程安排，不得擅自变更旅游行程或者中止服务活动，不得向旅游者索取小费，不得诱导、欺骗、强迫或者变相强迫旅游者购物或者参加另行付费旅游项目。

第四十二条 景区开放应当具备下列条件，并听取旅游主管部门的意见：

（一）有必要的旅游配套服务和辅助设施；

（二）有必要的安全设施及制度，经过安全风险评估，满足安全条件；

（三）有必要的环境保护设施和生态保护措施；

（四）法律、行政法规规定的其他条件。

第四十三条　利用公共资源建设的景区的门票以及景区内的游览场所、交通工具等另行收费项目，实行政府定价或者政府指导价，严格控制价格上涨。拟收费或者提高价格的，应当举行听证会，征求旅游者、经营者和有关方面的意见，论证其必要性、可行性。

利用公共资源建设的景区，不得通过增加另行收费项目等方式变相涨价；另行收费项目已收回投资成本的，应当相应降低价格或者取消收费。

公益性的城市公园、博物馆、纪念馆等，除重点文物保护单位和珍贵文物收藏单位外，应当逐步免费开放。

第四十四条　景区应当在醒目位置公示门票价格、另行收费项目的价格及团体收费价格。景区提高门票价格应当提前六个月公布。

将不同景区的门票或者同一景区内不同游览场所的门票合并出售的，合并后的价格不得高于各单项门票的价格之和，且旅游者有权选择购买其中的单项票。

景区内的核心游览项目因故暂停向旅游者开放或者停止

提供服务的，应当公示并相应减少收费。

第四十五条　景区接待旅游者不得超过景区主管部门核定的最大承载量。景区应当公布景区主管部门核定的最大承载量，制定和实施旅游者流量控制方案，并可以采取门票预约等方式，对景区接待旅游者的数量进行控制。

旅游者数量可能达到最大承载量时，景区应当提前公告并同时向当地人民政府报告，景区和当地人民政府应当及时采取疏导、分流等措施。

第四十六条　城镇和乡村居民利用自有住宅或者其他条件依法从事旅游经营，其管理办法由省、自治区、直辖市制定。

第四十七条　经营高空、高速、水上、潜水、探险等高风险旅游项目，应当按照国家有关规定取得经营许可。

第四十八条　通过网络经营旅行社业务的，应当依法取得旅行社业务经营许可，并在其网站主页的显著位置标明其业务经营许可证信息。

发布旅游经营信息的网站，应当保证其信息真实、准确。

第四十九条　为旅游者提供交通、住宿、餐饮、娱乐等服务的经营者，应当符合法律、法规规定的要求，按照合同约定履行义务。

第五十条　旅游经营者应当保证其提供的商品和服务符合保障人身、财产安全的要求。

旅游经营者取得相关质量标准等级的，其设施和服务不得低于相应标准；未取得质量标准等级的，不得使用相关质量等级的称谓和标识。

第五十一条　旅游经营者销售、购买商品或者服务，不得给予或者收受贿赂。

第五十二条　旅游经营者对其在经营活动中知悉的旅游者个人信息，应当予以保密。

第五十三条　从事道路旅游客运的经营者应当遵守道路客运安全管理的各项制度，并在车辆显著位置明示道路旅游客运专用标识，在车厢内显著位置公示经营者和驾驶人信息、道路运输管理机构监督电话等事项。

第五十四条　景区、住宿经营者将其部分经营项目或者场地交由他人从事住宿、餐饮、购物、游览、娱乐、旅游交通等经营的，应当对实际经营者的经营行为给旅游者造成的损害承担连带责任。

第五十五条　旅游经营者组织、接待出入境旅游，发现旅游者从事违法活动或者有违反本法第十六条规定情形的，应当及时向公安机关、旅游主管部门或者我国驻外机构报告。

第五十六条　国家根据旅游活动的风险程度，对旅行社、住宿、旅游交通以及本法第四十七条规定的高风险旅游项目等经营者实施责任保险制度。

第五章　旅游服务合同

第五十七条　旅行社组织和安排旅游活动，应当与旅游者订立合同。

第五十八条　包价旅游合同应当采用书面形式，包括下列内容：

（一）旅行社、旅游者的基本信息；

（二）旅游行程安排；

（三）旅游团成团的最低人数；

（四）交通、住宿、餐饮等旅游服务安排和标准；

（五）游览、娱乐等项目的具体内容和时间；

（六）自由活动时间安排；

（七）旅游费用及其交纳的期限和方式；

（八）违约责任和解决纠纷的方式；

（九）法律、法规规定和双方约定的其他事项。

订立包价旅游合同时，旅行社应当向旅游者详细说明前款第二项至第八项所载内容。

第五十九条　旅行社应当在旅游行程开始前向旅游者提供旅游行程单。旅游行程单是包价旅游合同的组成部分。

第六十条　旅行社委托其他旅行社代理销售包价旅游产品并与旅游者订立包价旅游合同的，应当在包价旅游合同中载明委托社和代理社的基本信息。

旅行社依照本法规定将包价旅游合同中的接待业务委托给地接社履行的，应当在包价旅游合同中载明地接社的基本信息。

安排导游为旅游者提供服务的，应当在包价旅游合同中载明导游服务费用。

第六十一条　旅行社应当提示参加团队旅游的旅游者按照规定投保人身意外伤害保险。

第六十二条　订立包价旅游合同时，旅行社应当向旅游者告知下列事项：

（一）旅游者不适合参加旅游活动的情形；

（二）旅游活动中的安全注意事项；

（三）旅行社依法可以减免责任的信息；

（四）旅游者应当注意的旅游目的地相关法律、法规和风俗习惯、宗教禁忌，依照中国法律不宜参加的活动等；

（五）法律、法规规定的其他应当告知的事项。

在包价旅游合同履行中，遇有前款规定事项的，旅行社也应当告知旅游者。

第六十三条　旅行社招徕旅游者组团旅游，因未达到约定人数不能出团的，组团社可以解除合同。但是，境内旅游应当至少提前七日通知旅游者，出境旅游应当至少提前三十日通知旅游者。

因未达到约定人数不能出团的，组团社经征得旅游者书面同意，可以委托其他旅行社履行合同。组团社对旅游者承担责任，受委托的旅行社对组团社承担责任。旅游者不同意的，可以解除合同。

因未达到约定的成团人数解除合同的，组团社应当向旅游者退还已收取的全部费用。

第六十四条　旅游行程开始前，旅游者可以将包价旅游合同中自身的权利义务转让给第三人，旅行社没有正当理由的不得拒绝，因此增加的费用由旅游者和第三人承担。

第六十五条　旅游行程结束前，旅游者解除合同的，组团社应当在扣除必要的费用后，将余款退还旅游者。

第六十六条　旅游者有下列情形之一的，旅行社可以解除合同：

（一）患有传染病等疾病，可能危害其他旅游者健康和安全的；

（二）携带危害公共安全的物品且不同意交有关部门处理的；

（三）从事违法或者违反社会公德的活动的；

（四）从事严重影响其他旅游者权益的活动，且不听劝阻、不能制止的；

（五）法律规定的其他情形。

因前款规定情形解除合同的，组团社应当在扣除必要的费用后，将余款退还旅游者；给旅行社造成损失的，旅游者应当依法承担赔偿责任。

第六十七条　因不可抗力或者旅行社、履行辅助人已尽合理注意义务仍不能避免的事件，影响旅游行程的，按照下列情形处理：

（一）合同不能继续履行的，旅行社和旅游者均可以解除合同。合同不能完全履行的，旅行社经向旅游者做出说明，可以在合理范围内变更合同；旅游者不同意变更的，可以解除合同。

（二）合同解除的，组团社应当在扣除已向地接社或者履行辅助人支付且不可退还的费用后，将余款退还旅游者；合同变更的，因此增加的费用由旅游者承担，减少的费用退还旅游者。

（三）危及旅游者人身、财产安全的，旅行社应当采取相应的安全措施，因此支出的费用，由旅行社与旅游者分担。

（四）造成旅游者滞留的，旅行社应当采取相应的安置措施。因此增加的食宿费用，由旅游者承担；增加的返程费用，由旅行社与旅游者分担。

第六十八条　旅游行程中解除合同的，旅行社应当协助旅游者返回出发地或者旅游者指定的合理地点。由于旅行社或者履行辅助人的原因导致合同解除的，返程费用由旅行社承担。

第六十九条　旅行社应当按照包价旅游合同的约定履行义务，不得擅自变更旅游行程安排。

经旅游者同意，旅行社将包价旅游合同中的接待业务委托给其他具有相应资质的地接社履行的，应当与地接社订立书面委托合同，约定双方的权利和义务，向地接社提供与旅游者订立的包价旅游合同的副本，并向地接社支付不低于接待和服务成本的费用。地接社应当按照包价旅游合同和委托合同提供服务。

第七十条　旅行社不履行包价旅游合同义务或者履行合同义务不符合约定的，应当依法承担继续履行、采取补救措施或者赔偿损失等违约责任；造成旅游者人身损害、财产损失的，应当依法承担赔偿责任。旅行社具备履行条件，经旅游者要求仍拒绝履行合同，造成旅游者人身损害、滞留等严重后果的，旅游者还可以要求旅行社支付旅游费用1倍以上3倍以下的赔偿金。

由于旅游者自身原因导致包价旅游合同不能履行或者不能按照约定履行，或者造成旅游者人身损害、财产损失的，旅行社不承担责任。

在旅游者自行安排活动期间，旅行社未尽到安全提示、救助义务的，应当对旅游者的人身损害、财产损失承担相应责任。

第七十一条 由于地接社、履行辅助人的原因导致违约的，由组团社承担责任；组团社承担责任后可以向地接社、履行辅助人追偿。

由于地接社、履行辅助人的原因造成旅游者人身损害、财产损失的，旅游者可以要求地接社、履行辅助人承担赔偿责任，也可以要求组团社承担赔偿责任；组团社承担责任后可以向地接社、履行辅助人追偿。但是，由于公共交通经营者的原因造成旅游者人身损害、财产损失的，由公共交通经营者依法承担赔偿责任，旅行社应当协助旅游者向公共交通经营者索赔。

第七十二条 旅游者在旅游活动中或者在解决纠纷时，损害旅行社、履行辅助人、旅游从业人员或者其他旅游者的合法权益的，依法承担赔偿责任。

第七十三条 旅行社根据旅游者的具体要求安排旅游行程，与旅游者订立包价旅游合同的，旅游者请求变更旅游行程安排，因此增加的费用由旅游者承担，减少的费用退还旅游者。

第七十四条 旅行社接受旅游者的委托，为其代订交通、住宿、餐饮、游览、娱乐等旅游服务，收取代办费用的，应当亲自处理委托事务。因旅行社的过错给旅游者造成损失的，旅行社应当承担赔偿责任。

旅行社接受旅游者的委托，为其提供旅游行程设计、旅游信息咨询等服务的，应当保证设计合理、可行，信息及时、准确。

第七十五条　住宿经营者应当按照旅游服务合同的约定为团队旅游者提供住宿服务。住宿经营者未能按照旅游服务合同提供服务的，应当为旅游者提供不低于原定标准的住宿服务，因此增加的费用由住宿经营者承担；但由于不可抗力、政府因公共利益需要采取措施造成不能提供服务的，住宿经营者应当协助安排旅游者住宿。

第六章　旅游安全

第七十六条　县级以上人民政府统一负责旅游安全工作。县级以上人民政府有关部门依照法律、法规履行旅游安全监管职责。

第七十七条　国家建立旅游目的地安全风险提示制度。旅游目的地安全风险提示的级别划分和实施程序，由国务院旅游主管部门会同有关部门制定。

县级以上人民政府及其有关部门应当将旅游安全作为突发事件监测和评估的重要内容。

第七十八条　县级以上人民政府应当依法将旅游应急管理纳入政府应急管理体系，制定应急预案，建立旅游突发事件应对机制。

突发事件发生后，当地人民政府及其有关部门和机构应当采取措施开展救援，并协助旅游者返回出发地或者旅游者指定的合理地点。

第七十九条　旅游经营者应当严格执行安全生产管理和消防安全管理的法律、法规和国家标准、行业标准，具备相应的安全生产条件，制定旅游者安全保护制度和应急预案。

旅游经营者应当对直接为旅游者提供服务的从业人员开展经常性应急救助技能培训，对提供的产品和服务进行安全检验、监测和评估，采取必要措施防止危害发生。

旅游经营者组织、接待老年人、未成年人、残疾人等旅游者，应当采取相应的安全保障措施。

第八十条　旅游经营者应当就旅游活动中的下列事项，以明示的方式事先向旅游者做出说明或者警示：

（一）正确使用相关设施、设备的方法；

（二）必要的安全防范和应急措施；

（三）未向旅游者开放的经营、服务场所和设施、设备；

（四）不适宜参加相关活动的群体；

（五）可能危及旅游者人身、财产安全的其他情形。

第八十一条　突发事件或者旅游安全事故发生后，旅游经营者应当立即采取必要的救助和处置措施，依法履行报告义务，并对旅游者做出妥善安排。

第八十二条　旅游者在人身、财产安全遇有危险时，有权请求旅游经营者、当地政府和相关机构进行及时救助。

中国出境旅游者在境外陷于困境时，有权请求我国驻当地机构在其职责范围内给予协助和保护。

旅游者接受相关组织或者机构的救助后，应当支付应由个人承担的费用。

第七章　旅游监督管理

第八十三条　县级以上人民政府旅游主管部门和有关部门依照本法和有关法律、法规的规定，在各自职责范围内对旅游市场实施监督管理。

县级以上人民政府应当组织旅游主管部门、有关主管部门和工商行政管理、产品质量监督、交通等执法部门对相关旅游经营行为实施监督检查。

第八十四条　旅游主管部门履行监督管理职责，不得违反法律、行政法规的规定向监督管理对象收取费用。

旅游主管部门及其工作人员不得参与任何形式的旅游经营活动。

第八十五条　县级以上人民政府旅游主管部门有权对下列事项实施监督检查：

（一）经营旅行社业务以及从事导游、领队服务是否取得经营、执业许可；

（二）旅行社的经营行为；

（三）导游和领队等旅游从业人员的服务行为；

（四）法律、法规规定的其他事项。

旅游主管部门依照前款规定实施监督检查，可以对涉嫌违法的合同、票据、账簿以及其他资料进行查阅、复制。

第八十六条　旅游主管部门和有关部门依法实施监督检查，其监督检查人员不得少于二人，并应当出示合法证件。监督检查人员少于二人或者未出示合法证件的，被检查单位和个人有权拒绝。

监督检查人员对在监督检查中知悉的被检查单位的商业秘密和个人信息应当依法保密。

第八十七条　对依法实施的监督检查，有关单位和个人应当配合，如实说明情况并提供文件、资料，不得拒绝、阻碍和隐瞒。

第八十八条　县级以上人民政府旅游主管部门和有关部门，在履行监督检查职责中或者在处理举报、投诉时，发现违反本法规定行为的，应当依法及时做出处理；对不属于本部门职责范围的事项，应当及时书面通知并移交有关部门查处。

第八十九条　县级以上地方人民政府建立旅游违法行为查处信息的共享机制，对需要跨部门、跨地区联合查处的违法行为，应当进行督办。

旅游主管部门和有关部门应当按照各自职责，及时向社会公布监督检查的情况。

第九十条　依法成立的旅游行业组织依照法律、行政法规和章程的规定，制定行业经营规范和服务标准，对其会员的经营行为和服务质量进行自律管理，组织开展职业道德教育和业务培训，提高从业人员素质。

第八章　旅游纠纷处理

第九十一条　县级以上人民政府应当指定或者设立统一的旅游投诉受理机构。受理机构接到投诉，应当及时进行处理或者移交有关部门处理，并告知投诉者。

第九十二条　旅游者与旅游经营者发生纠纷，可以通过下列途径解决：

（一）双方协商；

（二）向消费者协会、旅游投诉受理机构或者有关调解组织申请调解；

（三）根据与旅游经营者达成的仲裁协议提请仲裁机构仲裁；

（四）向人民法院提起诉讼。

第九十三条　消费者协会、旅游投诉受理机构和有关调解组织在双方自愿的基础上，依法对旅游者与旅游经营者之

导游服务质量评价体系构建研究

间的纠纷进行调解。

第九十四条　旅游者与旅游经营者发生纠纷，旅游者一方人数众多并有共同请求的，可以推选代表人参加协商、调解、仲裁、诉讼活动。

第九章　法律责任

第九十五条　违反本法规定，未经许可经营旅行社业务的，由旅游主管部门或者工商行政管理部门责令改正，没收违法所得，并处 1 万元以上 10 万元以下罚款；违法所得 10 万元以上的，并处违法所得 1 倍以上 5 倍以下罚款；对有关责任人员，处 2000 元以上 2 万元以下罚款。

旅行社违反本法规定，未经许可经营本法第二十九条第一款第二项、第三项业务，或者出租、出借旅行社业务经营许可证，或者以其他方式非法转让旅行社业务经营许可的，除依照前款规定处罚外，并责令停业整顿；情节严重的，吊销旅行社业务经营许可证；对直接负责的主管人员，处 2000 元以上 2 万元以下罚款。

第九十六条　旅行社违反本法规定，有下列行为之一的，由旅游主管部门责令改正，没收违法所得，并处 5000 元以上 5 万元以下罚款；情节严重的，责令停业整顿或者吊销旅行社业务经营许可证；对直接负责的主管人员和其他直接责任人员，处 2000 元以上 2 万元以下罚款：

（一）未按照规定为出境或者入境团队旅游安排领队或者导游全程陪同的；

（二）安排未取得导游证的人员提供导游服务或者安排不具备领队条件的人员提供领队服务的；

（三）未向临时聘用的导游支付导游服务费用的；

（四）要求导游垫付或者向导游收取费用的。

第九十七条　旅行社违反本法规定，有下列行为之一的，由旅游主管部门或者有关部门责令改正，没收违法所得，并处 5000 元以上 5 万元以下罚款；违法所得 5 万元以上的，并处违法所得 1 倍以上 5 倍以下罚款；情节严重的，责令停业整顿或者吊销旅行社业务经营许可证；对直接负责的主管人员和其他直接责任人员，处 2000 元以上 2 万元以下罚款：

（一）进行虚假宣传，误导旅游者的；

（二）向不合格的供应商订购产品和服务的；

（三）未按照规定投保旅行社责任保险的。

第九十八条　旅行社违反本法第三十五条规定的，由旅游主管部门责令改正，没收违法所得，责令停业整顿，并处 3 万元以上 30 万元以下罚款；违法所得 30 万元以上的，并处违法所得 1 倍以上 5 倍以下罚款；情节严重的，吊销旅行社业务经营许可证；对直接负责的主管人员和其他直接责任人员，没收违法所得，处 2000 元以上 2 万元以下罚款，并暂扣或者吊销导游证、领队证。

第九十九条　旅行社未履行本法第五十五条规定的报告义务的，由旅游主管部门处 5000 元以上 5 万元以下罚款；情节严重的，责令停业整顿或者吊销旅行社业务经营许可证；对直接负责的主管人员和其他直接责任人员，处 2000 元以上 2 万元以下罚款，并暂扣或者吊销导游证、领队证。

第一百条　旅行社违反本法规定，有下列行为之一的，由旅游主管部门责令改正，处 3 万元以上 30 万元以下罚款，并责令停业整顿；造成旅游者滞留等严重后果的，吊销旅行社业务经营许可证；对直接负责的主管人员和其他直接责任人员，处 2000 元以上 2 万元以下罚款，并暂扣或者吊销导游证、领队证：

（一）在旅游行程中擅自变更旅游行程安排，严重损害旅游者权益的；

（二）拒绝履行合同的；

（三）未征得旅游者书面同意，委托其他旅行社履行包价旅游合同的。

第一百零一条　旅行社违反本法规定，安排旅游者参观或者参与违反我国法律、法规和社会公德的项目或者活动的，由旅游主管部门责令改正，没收违法所得，责令停业整顿，并处 2 万元以上 20 万元以下罚款；情节严重的，吊销旅行社业务经营许可证；对直接负责的主管人员和其他直接责任人员，处 2000 元以上 2 万元以下罚款，并暂扣或者吊销导游证、领队证。

第一百零二条　违反本法规定，未取得导游证或者领队证从事导游、领队活动的，由旅游主管部门责令改正，没收违法所得，并处 1000 元以上 1 万元以下罚款，予以公告。

导游、领队违反本法规定，私自承揽业务的，由旅游主管部门责令改正，没收违法所得，处 1000 元以上 1 万元以下罚款，并暂扣或者吊销导游证、领队证。

导游、领队违反本法规定，向旅游者索取小费的，由旅游主管部门责令退还，处 1000 元以上 1 万元以下罚款；情节严重的，并暂扣或者吊销导游证、领队证。

第一百零三条　违反本法规定被吊销导游证、领队证的导游、领队和受到吊销旅行社业务经营许可证处罚的旅行社的有关管理人员，自处罚之日起未逾 3 年的，不得重新申请导游证、领队证或者从事旅行社业务。

第一百零四条　旅游经营者违反本法规定，给予或者收受贿赂的，由工商行政管理部门依照有关法律、法规的规定处罚；情节严重的，并由旅游主管部门吊销旅行社业务经营许可证。

第一百零五条　景区不符合本法规定的开放条件而接待

旅游者的，由景区主管部门责令停业整顿直至符合开放条件，并处 2 万元以上 20 万元以下罚款。

景区在旅游者数量可能达到最大承载量时，未依照本法规定公告或者未向当地人民政府报告，未及时采取疏导、分流等措施，或者超过最大承载量接待旅游者的，由景区主管部门责令改正，情节严重的，责令停业整顿 1 ～ 6 个月。

第一百零六条　景区违反本法规定，擅自提高门票或者另行收费项目的价格，或者有其他价格违法行为的，由有关主管部门依照有关法律、法规的规定处罚。

第一百零七条　旅游经营者违反有关安全生产管理和消防安全管理的法律、法规或者国家标准、行业标准的，由有关主管部门依照有关法律、法规的规定处罚。

第一百零八条　对违反本法规定的旅游经营者及其从业人员，旅游主管部门和有关部门应当记入信用档案，向社会公布。

第一百零九条　旅游主管部门和有关部门的工作人员在履行监督管理职责中滥用职权、玩忽职守、徇私舞弊，尚不构成犯罪的，依法给予处分。

第一百一十条　违反本法规定，构成犯罪的，依法追究刑事责任。

附　则

第一百一十一条本法下列用语的含义：

（一）旅游经营者，是指旅行社、景区以及为旅游者提供交通、住宿、餐饮、购物、娱乐等服务的经营者。

（二）景区，是指为旅游者提供游览服务、有明确的管理界限的场所或者区域。

（三）包价旅游合同，是指旅行社预先安排行程，提供或者通过履行辅助人提供交通、住宿、餐饮、游览、导游或者领队等两项以上旅游服务，旅游者以总价支付旅游费用的合同。

（四）组团社，是指与旅游者订立包价旅游合同的旅行社。

（五）地接社，是指接受组团社委托，在目的地接待旅游者的旅行社。

（六）履行辅助人，是指与旅行社存在合同关系，协助其履行包价旅游合同义务，实际提供相关服务的法人或者自然人。

第一百一十二条　本法自 2013 年 10 月 1 日起施行。